大是文化

Jungen brauchen
klare Ansagen

男孩需要明確的指令

教兒子真的和女兒不一樣！德國最知名專家 30 年實踐：
順著天性對他說指令，他會成為有勇氣、韌性、溫度的男人。

德國杜賓根大學社會科學研究所所長
德國最著名的男孩養育專家

萊因哈德・溫特 ——著　　任潔、王皓潔 ——譯
Reinhard Winter

目錄

推薦序

男孩需要什麼？明確的指令

正向教養講師／家瑢

在教養的旅程中，男孩總是比女孩帶來更多挑戰。

我懷孕時，身邊的人只要聽到寶寶是男孩，就會說：「兒子會比較調皮一點。」甚至安慰我：「以後辛苦了。」孩子出生後，這句話真的應驗了。隨著他一天天長大，挑戰也越來越多。在教養男孩的路上，我常常需要在愛與規範之間找尋平衡點。

還記得有一段時間，我們剛搬進新家，生活作息完全被打亂，許多原本的規則也在那段時間妥協了。孩子似乎察覺到這些變化，開始不斷向我要求更多，這讓我感到疲憊不堪。直到拜讀了《男孩需要明確的指令》，才讓我重新找到方向。書中

提到的精華理念，幫助我重新與孩子討論每日作息，並一步步建立起生活規範。僅僅不到兩週，我和兒子就能完美的互相配合，這讓我深深感受到清楚規範與情感連結的力量。

本書不僅為父母提供縝密的理論，更帶來許多具體案例與實用的操作建議。例如，許多家長心中的難題：該怎麼建立幼年時期的規範？如何平衡使用 3C 產品，同時也能幫助孩子提升學業責任？甚至為孩子未來的青少年階段做好準備。這些內容既實用，又充滿了智慧。

對於「明確指令」這個概念，許多家長可能會誤解為「命令」。但書中提醒我們，**真正的明確指令，首先要讓孩子感受到你的關注**。當我們希望孩子聽從指示時，不是從遠處呼喊名字，而是走近他，輕拍肩膀，注視他的眼神，讓他注意到我們，再給予清楚的指令。這樣的細節，看似簡單，卻是父母與孩子溝通的關鍵。

在我的教育工作中，家長們最常問：「要怎麼改變孩子的行為？」而我總是反問：「你和孩子的關係是否夠緊密？」本書正是如此，既提供具體有用的育兒技巧，也不斷提醒，連結並不是一種方法，它是一份愛。**只有當我們先與孩子建立起**

深厚的情感基礎，才有可能真正影響孩子的行為，幫助他們成長為自信、有責任感的獨立個體。

書中的七大引導關鍵技巧，是全書的精華。每小節的內容都不長，卻充滿了養兒智慧，讓人在資訊傳遞快速的時代，也能靜下心來細細品味。正如書中提到的：「遇到棘手的情況，最好能慢下來。」這樣的提醒，讓人除了學會如何教養孩子，也學會如何調整自己的心態。

我相信，翻開本書的每一位讀者，都能從中找到啟發，幫助更多男孩在愛與規範的陪伴下，成長為獨立、自信的男人。

前言
男孩從來不是問題製造者

經常有家長問我：「教兒子真的和女兒不一樣嗎？」答案是肯定的。有女兒的家長都知道，特別在進入青春期時，明確的要求或引導很重要。只不過，對女孩來說，指令的有效期間通常比較長，而且對女兒的限制和保護往往也比較多。因此，養育女孩，多數時候給予照顧即可。但**對男生來說，光是照顧好遠遠不夠，他們格外需要父母明確的指令來引導。**

如果你已經感受到教養兒子的路上遍布荊棘、充滿挑戰，確保自己和兒子走對方向就更加重要了。

為了避免讀者誤解，我想解釋一下，這本書的思想並非獨裁或專制的教育理念。我們強調的是領導力的積極面，讓雙方關係更明確且清晰。我們談的是感同身受、用愛關注你的孩子，認同他、信任他並給予雙方責任；而非紀律、壓力、訓練、強迫、征服、壓制或行使權力，更不是在理想化早已過時的教育模式。

此外，明確指令並不一定要伴隨過高的要求。下達明確指令的同時，與孩子保持緊密的關係也很重要。因此，父母應關注孩子能否與其他家人處好關係。

與男孩建立良好的關係，需要冷靜、安靜、專注與從容的氛圍，成年人如何面對周遭的壓力，孩子同樣也會從我們身上學習。根據最新研究，當今社會對男人的期待仍然非常傳統。舉例來說，一個真正的男人一定要有夠強大的心理素質，從容面對外界質疑，絕不能表現軟弱，更不該表露出像是恐懼、羞恥等情緒。

男孩們可能會覺得這是無稽之談，但他們仍然必須承受壓力與矛盾，對於兒童和青少年而言，這其實並不簡單。

不僅如此，近幾年男孩的世界再次發生了變化，而且這種改變還在持續。尤其是人們越來越關注身體意象，會給男孩帶來壓力並有可能激怒父母；然而，當孩子過度追求時下最流行的身形、身材或體態時，父母就必須秉持明確的態度。

媒體的使用日新月異，當新遊戲問世或手機效能更高時，全家人的情緒也隨之起伏。社交媒體正在改變年輕一代的人際關係，在享受更多刺激與快樂的同時，也影響他們對人際行為及關係的興趣，帶來各種未預期的風險。**最重要的是，男孩們在網路上不費吹灰之力，就可以免費獲取色情資訊，父母更要從中找到自己的一席之地，來引領男孩。**

許多父母不斷努力，卻還是毫無頭緒的各種問題，本書都能為你提出很好的解答。遺憾的是，教養男孩沒有絕對的真理。每個男孩的原生家庭與生活習慣都不同，我無法確切告訴你應該怎麼做、怎麼培養你或你的另一半成為具有領導力的父母，或是怎麼用更明確的方式和孩子好好相處。

到底該如何拿捏力度，才能讓父母在領導時發揮更好的作用，關於這一點也沒有標準答案，你必須自己發現。在這本書，我會提供一些建議，讓你判斷哪些適合你、哪些經驗和觀點於你有益。現在，決定權在你身上。

這些充滿潛力、精明無比的男孩正在向你發出信號——他們需要你的帶領。現在，見招拆招吧！

第 1 章

男孩需要明確的指令

怎樣才能和男孩子相處得更好？很多家長認為這不是問題，但以我多年來的經驗卻一再證明：與男孩相處其實一點都不容易！許多男孩會忘記自己的禮貌、不守規矩或是破壞約定。對於父母交代的任務，要不是假裝沒聽見，就是半途而廢；出現一些叛逆的情況；把整個氛圍搞得非常緊張，令父母一籌莫展。

這種情況有時在孩子還很小時就會出現，還有些發生在孩子上學時，再晚一些的就是青春期。這些隱患和威脅滲透到每天的生活中，有些是根本的問題，無法輕而易舉解決。

過去三年，我因為工作的關係，累積了越來越多與不同男孩、家長和老師共同工作的經驗，也讓我對這個話題更感興趣。父母和老師經常向我求助，不論是與男孩相關的衝突或困難，都希望從我這裡找到解決方案。遺憾的是，男孩的問題五花八門，根本沒有只要這麼做，就能立竿見影的方法。

不過，我也在過程中發現，造成這種困難的一大原因，是男孩需要可以給他充分支持、為他指引方向，同時又可以給予足夠空間、明確指令且具有領導力的成年人，但是許多家長卻無法下達明確的指令。

男孩們生來就天賦異稟，唯一要做的就是發揮這些能力。只是他們缺乏經驗和常識，因此需要學識淵博、能結合知識與能力的成熟大人，明確的帶領他們。

在發展過程中，男孩會成為能承擔責任、具有領導風範的成熟男人。男孩的自我調節能力、能動性（按：Agency，主動改變現狀的能力）、掌控力，都會越來越強。直到有一天，他們不再需要父母的引領。但在這之前，他們需要一個可以提供明確引導、關係親密又具有領導力的父母。

1父母太在乎成績，孩子容易叛逆

與女生相比，男生比較容易惹出一些麻煩，像是讓自己跌倒受傷，或是更糟糕的——讓別人受傷，他們也很常在電腦螢幕前浪費大把時間。在學校裡，男生和女生的表現也有明顯差異：**男生的閱讀能力平均比女生弱，專注力、考試成績也比較差**。他們經常亂動、擾亂課堂秩序或是表現得肆無忌憚；畢業成績普遍會比較差或是勉強畢業，畢不了業的男生也比女生更多。

上述問題，大家早已司空見慣，各種扼腕、嘆息和指責都無濟於事。諸如「想管好男生，一定需要好的男老師」、「欠缺紀律的男孩，要加倍操練、嚴格管理、建立規矩，才能走上正確的軌道」，這類說法都是未經檢驗的空泛之詞。

當男孩有缺點或出現問題時，我們不應先從他們身上找原因。許多男孩難搞，應該負責的是身旁的成年人，以及每一個影響他們周遭環境的成年人。

當前的政治、媒體與商業環境，帶領男孩未來的走向，也提早告訴我們——在十多年後，他們將成為什麼樣的大人。從通貨膨脹的壓力、決策限制、無所不在的媒體、社會對成功和能力的定義，強加給男孩的壓力，再到全球化焦慮導致的超前學習。這一切都讓身為父母的我們，比過去更需要給男孩明確引導和方向。

可能的話，**父母應該試著放鬆，並且調整方法、方向**。坦白說，這是一項艱鉅的任務。

在小學二年級快結束時，湯姆突然不想上學。他每天都會為了作業和父母吵架，週末也會因學校的事而影響心情。整個家庭烏煙瘴氣到讓人窒息。湯姆的父母非常注重成績，他們堅持湯姆一定要讀高中：「他就是不想學習，該怎麼做，才能讓他努力念書？」

我強烈建議，不要再給湯姆施加壓力，或者乾脆減輕他的負擔，讓他就簡單當個小男孩就好，按自己的步調找到興趣。如此一來，父母也可以更放鬆的和湯姆相處。最後，湯姆的父母向兒子承認自己的錯誤，並道歉：「對不起，我們沒有站在你的角度想。從現在開始，我們會給你多一點時間和空間，也會努力成為更有耐心的父母。」

很多父母有這種困擾，隨著工作環境越來越高壓，我們對孩子（特別是男孩）的要求也越來越高。男孩往往被成年人視為未來社會的棟梁，主要的貢獻者、勞力者，也是養家餬口的人。任何不符合上述觀念的情況，都會讓人覺得有問題。矛盾的是，女孩一般不會有這種壓力（承受的是其他方面的壓力），她們在學校的成績通常也比男孩更好。

馬諦斯正處在青春期，他在學校的表現很不好，父母也不知道怎麼與他溝通。他母親來找我，希望我和馬諦斯談談。馬諦斯說，他和父母沒什麼問題，一切都很好，之後才表明：他不想學習，也不喜歡自己的學校。

「我父母總是嘮叨個不停，只在意我有沒有念書，一直拿學校的事情催我。如果我沒有拿出漂亮的成績單，他們永遠不會滿意。我總覺得，他們把自己視為絕對的真理，我很討厭這個樣子，也不想照他們的想法做。當我是一個好學生時，我覺得自己很失敗，但我寧可在學校當個差勁的學生，至少感覺會比較好。」

硬是把好成績、男性就該成功的想法灌輸給男孩，往往會適得其反。以成績為導向的父母，反而讓男孩出現叛逆的行為。成績好不好，不是成為成功男人的先決條件。在商場上，有些老闆會想方設法榨乾員工，但在親子關係裡，好的引導需要完全不同的價值觀。

2 在你十八歲以前，我都是你的老闆

眾所周知，我們很常在商業領域聽到「領導力」，但許多父母並不知道，養育男孩同樣需要領導力。有一位單親媽媽告訴我，她是這麼向十三歲的兒子解釋他們的關係：「皮繃緊一點，在你十八歲之前，我都是你的老闆。即刻生效！」

此外，為了好好帶領男孩，父母要先有明確的立場。

有一位母親接受採訪時，這樣說：「我喜歡和兒子有一個明確的關係。」意思是，父母要清楚自己的角色，並用清晰的語言傳達給孩子。

三十五歲的碧雅特和喬納斯，他們正為了七歲兒子尼可拉斯的吃飯問題頭疼。每次吃飯時，尼可拉斯會不停說話、做出各種滑稽的動作，試圖尋求在場所有人的關注。當不如他願時，就會有一場好戲等著上演。現在，一到吃飯時間，他們就心驚膽戰。

談起他們如此有主見、活潑、調皮又精力旺盛的尼可拉斯，這對父母真是哭笑不得。這種愛恨交織的情緒，讓他們在一團混亂中交出了主導權。我們談完以後，他們決定重新找回自己的角色，不再被孩子牽著鼻子走。於是，他們同心協力、彼此支持，並朝著這個方向努力。幾天以後，我再次和這對夫妻碰面，情況有了一百八十度的轉變：尼可拉斯不再把餐桌變成他個人的舞臺秀，一家人終於能好好吃飯。

父母，是孩子生命中的第一段關係。男孩會從父母身上學習，並且有所成長。**如果過程中，有些事不盡如人意，請不要責備孩子，父母要先承擔責任。**

在這段關係中，最重要的養分是父母的愛。對男孩的成長來說，父母親的愛是最不可或缺的重要基石，沒有這份愛，男孩就沒有辦法健康成長。但有時候，父母很難堅守自己的位置和角色，他們會苛求孩子做出決定；或是出於對愛的誤解，毫無邊界的縱容孩子。

在教養的過程中，到底缺失了什麼？多數父母都非常願意相信，堅定的態度和引導，就和愛一樣自然存在。但多數情況卻並非如此，父母往往有行動，卻沒有帶領。

特別在現在的年代，該採用何種明確的形式，以及如何才能成為穩定的父母？對此，很多人沒有確定的答案。

明確的指令和良好的帶領，兩者可以透過學習獲得。在本書的前言中，最重要的問題也是：男孩需要什麼樣的帶領？一個充滿力量與愛的領導模式，實際上應該怎麼做？

另一個與帶領、引導有關的詞，是「權威」。多數人聽到這個詞，猶如聽到刺耳的警鐘，大腦不自覺出現以下聯想——紀律、壓力、鍛鍊、力量，簡單來說就是權威行為。

但是，這裡要談的恰好相反，在教養關係和引導上，「權威」一詞有積極且正面的解釋，非常必要且有用。丹麥著名教養專家雅斯培・尤爾（Jesper Juul）談到「積極性的權威」這個概念，他使用「人格權威」，德國教育學家沃爾夫岡・伯格曼（Wolfgang Bergmann）則是用「好的權威」。

在一段採訪中，曾有位父親說：「對我來說，權威和獨裁完全不同。身為一位受尊重、被仰慕的人，可以用積極的方式展現權威，但我會這樣和別人說，這是因為他受人敬重，人們會注意他說的每一句話。他所說的話，是很多人的榜樣。」因此，**成為一個好的權威，對父母來說非常重要**。

在更早期的年代，當權威人士遭受攻擊或不受重視時，會藉由展現權力或暴力凸顯其力量。有時，甚至會直接破壞父母與子女的關係。

遺憾的是，這種親子關係模式仍然存在，儘管已經比過去少很多，**許多秉持嚴苛、權威式教養的父母，對男孩施加的權威暴力是對女孩的兩倍**。這完全不是有效的對策，在遇到衝突或危機時，父母反而更難使孩子遵守規則。

這個時候，男孩更需要的是——明確的引導、充分穩定的親密關係，以及真正與孩子在一起、更多的尊重和信任。唯有做到上述這些，才能有效幫助我們避免上個世代屢見不鮮的育兒暴力，特別是對男孩子。

無論如何，當代家長已意識到暴力是不被接受的教育手段，充滿愛的引導與帶領，才是更正向、更人性化的教養方法。

3 跟兒子說話時，加重音並且停頓

領導力既非天生，也不是突然從天而降。有心學習的人，可以觀察領導力的運作並了解其建立的過程，也就是說，可以透過有意識的學習培養領導力。你需要建立領導力，這個領導力需要被實踐、被接受，並讓每個身在其中（被你影響）的人都受益。

更確切的說，在親子關係中，領導力能積極發揮作用，並且落實於日常生活中。但，領導力究竟怎麼產生？作為父母，我應該怎麼做、怎麼向兒子展現領導力？許多家長仍孤單的摸索答案。

以前，當父母感到自己的地位被威脅、不受尊重時，很快會變得暴怒、獨裁，甚至用暴力管教。當然，到現在還是有很多父母因此而動手打自己的兒子。這顯然是不成熟的教養行為，我們不能允許這種情況一再發生。

持續引導孩子是父母的首要任務、必須承擔的重任。除此之外，父母也必須注意：視孩子為你的同伴。因為，雖然引領具有作用，並且可以透過授予獲得，但也可能因不當行為而再次失去。若父母以獨裁、暴力，以及其他不尊重孩子的方式，又或是缺乏自制力，例如說髒話、撒謊、違背誠信，這些都會影響引導的效果。

對於那些選擇向孩子大吼大叫的人，他們其實在這個過程中失去了非常多：面子、領導力、自制力，最糟糕的是，**他們失去與兒子的良好關係**。一旦失去領導力，你就必須付出更多代價才能彌補，像是道歉、重新建立信任、透過實際行動證明改變等。

切記：擁有領導力不等於獨裁，獨裁會使你迅速失去領導力。對兒子來說，在父母能明確帶領和指引、同時也不會讓他陷入自否定的環境中成長時，他們自然能吸收這種互動模式，進而發展出自己的人格潛能與特質，並將這些能力融入與他人的關係中。

父母的榜樣很重要，當男孩看著他們時就已經開始學習：父母怎麼和兄弟姊妹、同事和客戶相處？在私領域和公領域，父母的領導力如何發揮效用？不管是正面的，還是負面的，比如傲慢、貶低、不當使用權力，孩子全都吸收。

在與男孩的相處中，父母可以大有所為。怎麼待人？怎麼看待自己的兒子？怎麼支持並提供他們所需的一切？這些都是展現父母領導力的重要面向。一般來說，只要有一點改變，就可以促進親子關係的親密與信任，並對男孩產生深遠的影響。

什麼是最好的權威？

每個男孩都如此不同，家庭背景和生長環境大相逕庭，帶領必須個人化，每個父母的風格、孩子能接受的方式都不同。在我們的一項研究中，研究員問：「在你生命中，你覺得最好的權威是什麼模樣？」男孩回答：「嗯，現在我覺得……我能提一下我的家人嗎？我的爸媽，他們是最好的榜樣。」

除了帶領方式因人而異，還會有一些一般因素，會隨孩子成長不斷被調整，對男孩來說格外關鍵。我先做一些闡述，在後面章節會更深入探討。

父母的領導力，取決於他們的個人態度，以及平時展現的行為。

有領導力的父母，往往表現得既明確又果斷。他們毫不猶豫的承擔為人父母的責任，為自己與內心明確的目標奮鬥，在他們成為兒子的領導者之前，一定要先了解，自己的經歷、領導力從哪裡來。另外，表裡如一與真誠很重要，絕不能投機取巧，或是做表面文章（男孩遲早會知道）。

有領導力的父母，有時會反駁：「喔！這個我有！我其實是明確且果斷的父母，只是目前為止，我還沒好好想過這件事。」

談到領導，父母的價值觀很重要。當雙方同心協力、目標一致，這將從他們的態度反映出來。共同的價值觀在教育男孩時，不僅是良好的指引，也有助於促進親子間的安全感與信任感。

我說的價值觀，通常是長期、不會突然改變的理念，也不是某個具體的目標，它更像是一個方向或路標。當父母身體力行的實踐自己的價值觀，男孩也會找到自己的方向。前提是，父母必須堅持自己的價值觀，讓孩子知道：我的父母真誠、可靠、穩定且一致。

不只陪伴，還需要「在場」

對米里亞姆和她的兒子來說，身體的舒適與健康很重要。她不斷向兒子傳達這件事情，也一直很重視營養均衡。她享受美食，尤其在吃飽喝足時特別開心。

在親密互動中，領導力也是一種關係的展現。當我觀察一些具有領導力的父母，我會特別注意他們與兒子的互動：這是他們與兒子建立連結的時刻，也代表大人真的在場、此刻正與孩子在一起。在當下，這些父母全神貫注、清醒，真正參與孩子的生活，並向孩子發出這樣的訊號：「我很關心你。」、「我會為你負責，我不會丟下你。」而這些訊號，不僅賦予男孩與父母關係的重要意義，也強化了彼此的信任。

在這個時代，我們經常面對各種干擾與要求，尤其在多媒體無孔不入的影響下，更難專注陪伴孩子。**有品質的陪伴──「在場」，往往需要更多練習。**

蜜雪兒與安東尼是三個孩子的父母，儘管有三個寶貝，他們一直忙於工作，從未真正在場。我建議，雙方都要各抽出時間，在當下真正的陪伴孩子們。我希望家長能有意識的，一次又一次「停下來」，說：「現在，我決定和你在一起。其他事情都不重要。」

語言傳遞出的不只是拼湊起來的話語，更是一種關係。

除了詞語和句子，父母也可以透過肢體語言傳達：「嗨，我親愛的孩子，我在這裡帶領你。」為了讓男孩充分理解，請務必用好理解的句子、清晰的言詞與真誠的態度來傳達。

如果兒子確定收到訊息，那就沒問題；但若溝通卡關，我會建議家長觀察自己的肢體語言是否需要調整。站在孩子的角度，重新思考自己說的話：他懂我想表達的嗎？**領導型父母，會有重音與停頓，這樣男孩的大腦就可以跟著父母思考。**

直接說出你想說的話，這就是「明確引導」。

米歐爾是一位溫柔、身體有些虛弱的男人，他的爸爸很嚴厲、易怒，因此，他總是避免和爸爸共處一室。不過，他卻無法避免和十一歲的兒子尼可發生衝突，他覺得尼可越來越不把他當作一回事。此時，我們練習用適合米歐爾的語言方式來表達：先穩定米歐爾內心的狀態，調整他的身體狀況——記得深呼吸，然後看著尼可，表達自己生氣的原因，以及期望他怎麼做。

孩子越「歡」，你要慢處理

好的領導者，往往善於安排自己的時間。一個努力、穩定、具有領導風範的家長，能認真面對自己的角色，在兒子需要時，有意識且慷慨的把時間交給他。反之，如果家長經常焦頭爛額，在與兒子發生衝突時，像是不守規則、不肯好好寫作業，這會讓家長有壓力，反倒一時反應不過來。

遇到這種棘手的情況，**最好能慢下來，或者是用慢動作做出回應**，這樣可以幫助你與孩子更順利進入狀態。於此同時，有耐心、有毅力，也是領導力重要的面向，具有強大特質的領導者都明白，孩子總有一天會學會，何不給孩子多一點耐心？

在某次研討會上，有位父親告訴我：「過了這麼多年，我還是必須對兒子說：『把洗碗機裡面的餐具拿出來。』一開始，他總會大發牢騷，直到某一天，他突然說：『好的，我去做。』然後也真的去做了！我不敢相信，現在他會自動自發，直接清空洗碗機的碗盤。我耐心的等待終於有了回報。」

在家庭中，所有成員都是平等的，而尊重正是平等的真正體現。當一個男孩感到被尊重，他和父母就能相處得更好。

什麼叫尊重你的兒子？這意味著要認真對待他、了解他、同理他的需要，關注並接納他的獨特性。尊重你家裡的男孩，將幫助他們看見、欣賞自己的美好、知道自己其實是什麼樣的人，又有哪些進步。

隨時提醒自己尊重孩子，不只是在建立信任，孩子也一定會感受到。

我喜歡父母與兒子可以對等交換意見的關係。舉例來說，有些父母在和兒子說話時會**蹲低身子，讓兩個人維持在同個高度**。這顯現出父母對孩子的尊重，也是領導力的一種展現。

重複規則或幽默，怒氣消一半

人與人一起生活，需要規範和協定。成年人知道哪些規定是約定俗成，哪些是不論到哪都適用的規範，因此，父母有責任幫助男孩學習這些規範。

首先，要反覆強化這些規則，直到它在男孩的記憶裡生根萌芽，這需要一些時間。父母的領導力，同樣也展現在他們如何看待規矩，包括怎麼討論與制定，以及面對孩子遵守或違反規定時的回應；這個時候，正是發揮領導力的關鍵時刻。

無須大驚小怪，也不用想得太嚴重，多數情況下，規則被破壞並不難解決。男孩會注意到自己哪裡做錯，所以大可不必一開始就大動干戈或懲罰。規則是達成管理目標的手段，而不是目的本身。

要談帶領，就要有規矩，為了達成良性結果，有時需要動點腦筋。男孩會在重複學習中習得規範，舉例來說：「晚餐後請幫忙收拾桌子，收拾完就可以去操場玩。」

一般來說，重複幾項固定的規則或用幽默的方式傳達訊息，再適度表態自己的不悅都是有效做法。此外，當父母干預男孩迷戀某些事物時，也能幫助他們建立規範，比如：「你今天怎麼沒有在規定時間內關掉電視？既然這樣，你明天就不能看電視。」

作為家庭的帶領者，父母經常受到挑戰很常見。

以下兩種衝突可以很快點燃雙方的怒火：學校以及社群媒體，我會在接下來的章節逐一介紹。

總而言之，男孩需要正向的帶領與明確的引導，同時也需要建立其他健康的生活習慣，例如均衡營養、多元活動以及適度運動；在課餘時間，男孩可以學習樂器或參加各式社團活動。

不過，日常生活中有太多令父母苦惱的事，像是如何保持廁所清潔、打掃環境、飯桌上的規矩、性行為、酗酒等。在家庭生活中，你會發現許多年輕父母常常掛心卻又不斷受到孩子挑戰，這些話題或許會讓你面露難色，但正是最需要你展現領導力的時刻。

要注意的是：**領導力不是萬靈丹，也有其局限性**，因為它無法替代其他需求。例如：父母的愛與平靜、人格和自信。領導力亦無法取代肢體接觸、對身體的關注和溫柔。一個生活在貧窮中的男孩，能幫到他的不是更多的引導，而是實際改變其經濟狀況。

如果男孩的父母整天爭吵不休，或是雙方離異，這對男孩來說無疑是一場危機，再好的領導力也無濟於事，男孩需要的是支持。對於未來沒有願景、沒有信心的男孩而言，談帶領是空談；此外，男孩被同儕排擠時，僅靠領導力也難以解決，還需要給孩子安全感與歸屬感。所以，領導力不是萬能，但沒有領導力是萬萬不能。

在多數情況下，男孩需要一位良好且具有權威的領導者，這是人格發展的必要條件；但這種方法有時可能行不通。在我們的生活中，有時會遇到一些難以適應這個世界的男孩，為了幫助這樣的孩子，父母應竭盡所能嘗試各種好的、正確的方法；然而，**如果再多的方法都未能奏效，更權威的模式很可能會適得其反。**

4 嚴父慈母標準不一，孩子會不知所措

男孩需要正確的方向和明確引導，否則他們無法發展得更好。所以，父母的引導非常重要，有些家長或許對此已有所了解，更多家長仍是半信半疑。不只父母之間差異很大，不同男孩之間的狀況也是天差地別。

對有些孩子來說，一點點引導就已經綽綽有餘；有些男孩在意的則是體貼入微的關心、微小的建議或充滿同理的回饋，這更有幫助；也有其他男孩需要大人一次又一次、持續給予明確引導，更精確的說，他們需要一個與眾不同、穩定長久的帶領者。

當然，很多孩子時不時挑釁父母權威，但多數時候都願意配合。也可能，你家裡的男孩需要更多的親密感，也有些男孩的需求較少。我只能說，同一個肚皮出生的孩子，兄弟姊妹之間也存在很大的差異。

如果家裡有很多男孩，父母就需要保持更多的彈性。對待老大和老二的方法

也不一樣，老大通常更勇敢，因為父母在照顧上往往更謹慎、也更花費心力；對老二則不同，父母較不焦慮，也更寬容。當然，男孩在性格上也是五花八門，有的快、有的慢，有的性情急躁、有的生性安靜，有的叛逆、有的溫柔隨和。

即使是同一位男孩，也不會一成不變，變化和起伏很正常。隨著男孩漸漸長大，他們也開始需要被帶領、被引導、被明確指引，父母需要根據實際情況調整。對父母來說，這確實是個挑戰。

在生活中，刻意的引導或下意識的帶領並不複雜。至少對許多成年人來說，盡可能對男孩下達明確指令並不難。但對許多父母來說，成為領導者卻沒那麼容易。一個男孩在成長過程中，會面臨的問題錯綜複雜，父母要用什麼態度面對？應該扮演什麼角色？這些問題似乎比想像中更難。

問題，有時來自要求太多、太嚴格

近年來，我常常與男孩的父母以及孩子會談，另一方面，我也常常到學校，和老師與孩子們一起工作。在過程中，碰過形形色色的問題，原因也各不相同。

乍看之下，這些男孩的行為可能會讓人覺得有問題而且不可理喻。也正因為如此，我們必須用專業的角度看待他們。我們總習慣對這些孩子提出與年齡不符的要求，卻忽略了他們真正的需求，直到人們提出「為什麼某某男孩會變成這樣」的問題時，根本原因才有機會浮出水面。

- 如果父母缺乏自信，這會讓他們在教養的角色上缺乏穩定性。他們會經常問自己：我應該怎麼做？我能做什麼？我現在就要這麼做嗎？我應該要更大聲嗎？我會不會太強勢？我可以有更多的主導權嗎？我可以更嚴厲一點嗎？
- 許多父母希望能在家庭中發揮他們的領導力，卻總是力不從心。原因是他們不知道該怎麼做，他們不知道怎麼引導男孩們。也有可能，他們在潛意識裡非常抗拒身為父母的帶領角色、也不願意承擔引導兒子的責任。
- 值得留意的是，即便是已經做得非常好的父母，也可能還是有這樣的想法。

他們的做法完全正確，卻還是不斷問自己：「也許我對孩子太嚴格了？他是不是需要更多的自由？我應該表現得更寬容一點？界線是不是應該再放寬一點？我兒子的發展到底有沒有上軌道？作為孩子的父母，我能更完美嗎？」

有位父親說：「有時候我太嚴格到連自己都無法忍受。在生氣的時候，我都會對菲利浦感到很抱歉，我覺得自己應該更包容、更溫柔，但是他後來實在太過分，我真的受不了了。我總是忍不住破口大罵、嚴格禁止他……一切又前功盡棄。」

在這種不穩定的教養模式下，父母的反應也各不相同。有些父母，在嚴厲的教養模式中變得冷酷，僵化又封閉，他們試圖控制男孩，並且在衝突發生時堅持維持勝利者姿態；有些父母完全沒有自己的立場，像棉花一樣軟綿綿，不願意提出要求、給額外的任務，也不做出約束或限制，無論如何都不願意管教他們的兒子。

在這種情況下，男孩就會為所欲為。當親子之間出現衝突，這些家長會覺得自己很失敗，因而苦不堪言。**第三種父母，代表大多數的父母，他們搖擺不定，時而嚴厲、時而包容，這讓男孩感到困惑。**他們不知道自己什麼時候踩到紅線，也不知道爸媽的標準。

家庭要分工，但標準要一致

米歇爾和布麗吉調整了他們在教養兒子上的分工。根據原本的分工，米歇爾負責設定規矩與訂出邊界，布麗吉則負責照顧孩子、理解他們的需要。但米歇爾不喜歡自己被分配的工作，他覺得自己拿到一手爛牌，當孩子出現問題時，他必須硬著頭皮上場，然後換得兩個男孩大發雷霆；布麗吉則是溫柔婉約，扮演完美母親的角色。經過一番討論後，他們兩個人互換了角色。

每週有一天，米歇爾會用一種無所謂、輕鬆、從容的態度與兒子們相處，他是寬容的好爸爸，每個男孩都想要這樣的父親，不論孩子想做什麼，他都會說好。而此時，母親則嚴守規則與待人處世的邊界。

以下是經常讓男孩感到困惑的情況：父母多數時候會共同處理問題，但實際上卻又是兩個人，父母會分擔帶領的責任，只是多數情況是「嚴父慈母」——這是一種典型的分工，在傳統的父母關係中更常見。

當然，同時也有其他的家庭分工模式，在父母離異的情況下，可能出現另一種情況：在日常生活中，母親更關注規則與信任，因為父親可能只會在週末或假期才來探望男孩，這使得他們往往對男孩有求必應，甚至難以維持明確的界限。

讓男孩難以負荷的組合，毫無疑問的，是兩個策略截然不同的父母：嚴厲的父親與毫不管事的母親，又或者是另外一種比較少見的組合——縱容孩子的父親**與極為嚴格的母親**。處在這種兩極化的環境，男孩肯定會不知所措，他到底要選哪一方？要放棄哪一方？

對他的成長來說，父親和母親的帶領都很重要。對男孩影響最深遠的，是作為家庭主要照顧者和引導者的父母，對自己角色卻缺乏明確認識。

缺乏安全感的父母，往往無法讓兒子在他們身上找到可以立足的依靠，他們只能獨自面對超出年齡承受範圍的不安與焦慮。因此，孩子也很難培養出穩定的內在。

光是應付生活中各種難以釐清的矛盾關係，就已經讓他們筋疲力竭。對多數男孩而言，這種不安全感會阻礙他們健康成熟，並加劇內在的矛盾。在應該被悉心照顧的年紀裡，他們彷彿處於一種不是真正被照顧的「寄生」狀態，進而將自己困住。

如此一來，孩子出現問題便不足為奇。在學校裡，男孩們相互影響，在遊戲和競賽中，團體的影響更明顯。

男孩通常不會考慮自己真正需要什麼——真正的支持、方向與安全感，同時也還未能形成獨立的觀點（在這個年齡，他們尚不具備這樣的能力）。

他們問題行為背後的原因往往難以釐清，學校也無法逐一深入家庭觀察。此外，問題並不總是顯而易見。在某些階段，男孩可能表現得相當出色，但在特定條件下，或是在個別男孩或其他團體的影響下，他們也可能產生偏差行為。這取決於班級的組成與男孩之間的互動模式。另外，如果老師的領導力和家長一樣薄弱，情況恐怕會更糟。

令人訝異的是，許多家庭都有這種現象，並且廣泛存在於各個社會與教育階層中。以往，人們只會從有問題的家庭，以及難以管教的男孩身上看到這些問題。例如，青少年救助中心中的案例；而如今，這類問題正從社會邊緣逐漸逼近中心，許多被視為正常的男孩和家庭也會出現這種狀況。

過去在學校裡，一個班級頂多只有一、兩個讓人特別頭疼的男孩；然而現在，越來越多男孩或多或少都面臨這些問題。進入青春期後，「問題男孩」更如雨後春筍般冒出。

因此，從兩歲到青春期，我們都不能掉以輕心。

這樣說起來，我們豈不是毫無指望嗎？

當然不是。我們所處的時代，不是一個沒有教育、沒有紀律，更不是男孩普遍拒絕高成就的時代。

經驗告訴我們，讓男孩、父母和老師做好自己的本分並不困難，真正麻煩的是在這座名為「教育」的叢林中，男孩需要堅定、強大的領導者，給他們明確引導和說明，告訴他們應該往哪走、應該怎麼走。

許多家長和教育家盡忠職守，甚至可說是做得非常好——從很多男孩身上，我們都可以看見這樣美好的成果。因為這些天賦異稟的孩子正穩定、活潑又有自信的成長。

5 不要太早把孩子當成夥伴

教養關係，本來就不對等。

與男孩相比，父母無論在年齡、身高、力氣，又或者是能力、見識、經濟實力、生活閱歷等各方面，都處於優勢地位。優勢地位代表更大的權力，因此父母在帶領任何年齡層男孩（包括青春期）時，一定要謹慎面對自己的權力和影響。

在過去，孩子曾被迫無條件屈從於父母的威權，直接或間接導致孩子的叛逆行為或心理問題，甚至有時會以敷衍了事的方式逃避重要的問題。即使到現在，這樣的父母仍然存在，但多數父母已意識到這可能會帶來嚴重的後果。

有趣的是，現在我們卻經常妥協，我指的是許多父母在教養上屈服，因為不知道該怎麼面對衝突，甚至想逃避。事實上，不論是被迫屈從於孩子，或是放棄身為父母的權力，這都算是一種權力的濫用。

三歲的路卡總會把上床睡覺這件事，變成一發不可收拾的鬧劇。他的母親說：「我剛把他放到床上，沒過幾分鐘，他就會跑回客廳說自己睡不著。這種情況一再發生，搞得我們每個人都火冒三丈，最後的結果不是我大吼大叫，就是路卡稀里嘩啦的哭成一團。」

當路卡的媽媽試著設身處地的為路卡多想一點，她發現兒子之所以不肯睡覺，不是故意要惹他們生氣，而是因為他害怕。

在了解這件事情之後，路卡的父母試著用更有愛的方式引導他，也讓路卡感受到父母的支持。他們的新方法包括：比較長、固定的睡前儀式，摸摸路卡的腿和胸部，在旁邊擺可愛的絨毛玩具。此外，還要有光線柔和的小夜燈。

每一段帶領的關係，本來就不對等

帶領的關係，本來就不對等。

對男孩來說，這種不對等的關係可以帶來安全感、秩序和信任感。如果父母將自己兒子視為對等的夥伴，他們一定會不知所措。即使到了青少年，男孩也很難自己做出決定，因為他們缺乏全面的視野。又或者，他們已經適應了快樂滿足的生活方式，而不是關注自己的健康。不論是什麼狀況，他們都需要父母的引導。

教養中的帶領，經常會碰到的問題是成年人的「優越感」。這是什麼意思？

這種優越感會對關係造成負面影響。一個帶領的人，必須知道下一個目標該怎麼走，如果角色混亂，就會破壞帶領和被帶領者的關係。

在與男孩的關係中，如果父母是健康、成熟的成年人，不但充分認知自己的優勢，也樂意逐漸降低關係中的不對等，同時在帶領男孩的過程，慢慢弱化年齡產生的優勢。**當男孩漸漸成為男人，這種不對等也會慢慢消失**。

一個目標明確、沉著穩重的成年人，將會非常樂見小男孩逐漸長大，彼此的優勢差距開始縮小。在許多方面，孩子甚至會後來居上（例如在行動電話或電腦的操作方面），一個領導型的家長會相當自豪。

被帶領的男孩會從這段關係中受益，但要他們心甘情願的跟隨，還要有足夠的信任。從這點看來，唯有一段安全、正向的關係，才能讓家裡的小毛頭心甘情願跟著走。在理想情況下，**你不需要強迫他做任何事，但你必有過人之處，才能讓孩子認同**。另外，一些自戀、以自我為中心的人，往往會強調親子間的階級差異，並且任其發展。說實話，這種人不適合成為領導者。

人是一種個體化和社會化的存在，教育不僅要關心個人的發展，也要重視社會的未來。為此，我們不可避免的必須接受「教」與「學」這種不對等的關係。現在，強制性義務教育成為許多男孩行為問題的導火線，相較於女孩，更多男孩試圖逃離這種教育體制，例如經常曠課。

很顯然，多數男孩都不願意進入這種不對等的關係，更遑論從中被帶領或指導。這是人類的天性，當然也會因人而異，不同人生階段會有不同的改變。**童年時期，孩子需要的引導會多一點，到了青春期，這樣的引導又變得不太明顯。**

但是，即便成為了青少年，男孩仍希望讓父母快樂，而他們也真的會在父母不開心時感到痛苦。男孩希望自己是有用的人，並且是為了一些人存在、成為社會有價值的人，至少在青春期中期會特別在意這些事。

有些男孩社會化的特質比較不明顯，即便如此，他們依然是這樣的人——當你看到他們如何參與社會活動；當你看到年長的男人如何保護年幼的男孩；當你看到一個問題男孩完成養老院的服務驕傲的微笑，我們就能理解這意味什麼。即使是有嚴重行為問題的男孩，我們也可以在他們身上看到，對於工作、婚姻、孩子、公寓和好車的強烈渴望。

男孩需要歸屬感，也需要學習如何生活。為了在社會上找到立足之地，他們必須不斷挖掘自己的潛能、不斷成為更好的自己。因此，他們願意學習尊重他人的需要，也學習接納自己對他人的感受（包括父母和老師）。而且明確、充滿愛的引導，正好能回應男孩對這些學習的渴望。

總結來說，男孩需要這樣的領導者：**希望男孩健全發展並從中受益的人、能幫助男孩成為他自己的人**。

只不過，這件事有個棘手的關鍵，那就是**只有在令人信服的情況下，領導力才能發揮上述作用**。沒有任何男孩，會僅僅因為某個人的角色（父親、母親、老師）而自動屈服；也沒有任何一個男孩，會從學識經驗豐富，熟悉一切規範卻毫無生命力、也缺乏愛的帶領者身上，被激起真正的興趣。對男孩來說，成功的帶領必須明確且果斷，展現出值得信賴、具有吸引力的領導風範。唯有這樣的帶領，才能得到男孩發自內心的認同。

引導要果斷、明確，小孩才會信你

提姆瘋狂的迷上電動遊戲。每次玩了一個小時，到應該關機的時間，提姆就開始大吵大鬧，這讓他的父母非常困擾。提姆會大發雷霆，甚至有很長一段時間不肯和父親艾理希說話。這個小男孩的父親不知所措的問我：「這對一個九歲的小男孩來說，正常嗎？」我安慰他：「這類的衝突很常見。」父母規定時間也沒有任何問題，提姆必須學會遵守約定的重要性。在這段關係裡，艾理希確實要言出必行，因為對一個九歲孩子來說，玩一個小時電動已經很足夠。

也許提姆「勾勾纏」的背後原因，在於他的父母沒有表現出很明確的立場和態度，也可能爸媽對這件事情的想法不同。

與提姆的父母談完後，他們想改變對待提姆的方式。他們平靜的（而不是劍拔弩張）與提姆談論玩電動的規範，以及當提姆花太多時間在電動上，他們會有的擔憂。他們表示，假如果提姆再發脾氣或是戲精上身，他們一定會把電動遊戲鎖起來一整天。

同時，他們也討論出提前告知的小方法，父母會在遊戲時間結束前十分鐘提醒，讓他有心理準備。在那次談話之後，提姆打電動的問題幾乎解決了，也不再吵吵鬧鬧。

不對等的關係，是孩子們獨立自主的基礎，對年紀小的男孩來說更是如此。如果小男孩沒有得到穩定的帶領和引導，而是過早被當作夥伴，孩子將難以承受。我們的孩子需要獨立自主的空間，也需要繼續做一個依賴他人的孩子，而**不是立刻成為成熟、具有反思能力的對手。**

缺乏好的帶領，將使男孩不堪負荷。於此同時，父母也有可能對他們要求太少或過度照顧。這樣的男孩總是得到太多，不用為任何事而努力，不用等待、不用承擔，不費吹灰之力就能得到想要的東西。什麼都無須擔心，他們永遠會被照顧的好好的，何必還要努力？

如此一來，關乎自身能力的自信、內在動力的發展，可能會受到阻礙，甚至被嚴重破壞。喪失挑戰精神、缺乏經驗且無法面對困難的男孩，需要明確的指令，以保持他們上進的欲望，並且專注於當下。

否則，他們既無法培養真正的能力，也難以建立人際關係。長大以後，這些人很容易出現成癮方面的問題。有些人在社會中獨來獨往，而另一些則選擇待在房間裡，不停上網，並習以為常的接受家人照顧。

切記：父母過度照顧，與關心不足一樣，都可能成為孩子的負擔。

成年人要更積極的喚醒青少年男孩上進的欲望──「我想要這個！」接下來，他就必須學習等待或付出努力，以及要承受隨之而來的衝突和壓力。

亞諾今年十五歲，他的父親是企業家，母親曾是高階管理人，在孩子出生後專職照顧他們一陣子，之後才返回職場。亞諾幾乎得到了他想要的一切，他無須為任何事情努力，想要的物質生活一樣不缺。

亞諾在學校的問題越來越多，有一次，他甚至和德語老師爆發劇烈衝突。當亞諾不高興或發脾氣時，總聽不進老師的任何建議，也拒絕老師施加的任何限制。最後，老師終於再也無法忍受，要求他離開學校。

這是亞諾的第二次企業實習，他知道自己應該要把握機會。在學校社工的幫助下，他重新開始尋找實習機會，下一次與社工面談時，他信誓旦旦的說自己已經找到三個有趣的實習機會，隨時可以上工。但真相卻是：他根本沒有找。

最後，迫於壓力，亞諾的父親幫他在自己生意夥伴的商店找到一份實習工作。亞諾兩年前曾在這裡實習過，這是他的第一份實習工作，他並不喜歡，也沒有興趣。他一邊質疑父親的決定，一邊照著父親指引的方向前進，最後當然失敗了。因為在他的生命中，沒有真正被帶領的經驗。

第 2 章

先別氣，
同理他的身體情緒

1少年個性衝，和睪固酮有關

首先，男孩的身體狀況決定了其男性氣概。與女孩相比，男孩更容易罹患疾病。男孩的性染色體為ＸＹ染色體，女孩的性染色體為ＸＸ染色體。對女孩來說，Ｘ染色體有兩個，有缺陷的染色體通常可以自我修復。

而男孩的ＸＹ染色體則缺乏這種修復能力，導致缺陷和疾病更容易被保存和遺傳，這也解釋了為什麼男性的身體天生存在一些弱點。因此，男孩可能更需要支持和安全感，這正是男孩在關係中需要被帶領的重要原因。

睪固酮會刺激肌肉發展

Ｙ染色體的存在有助於睪固酮（testosterone）的形成，而睪固酮則能強化肌肉的發展。肌肉的增長與力量密切相關。在青春期，睪固酮會刺激肌肉生長，讓男孩的身體力量逐漸增加，特別在運動或刻意訓練肌肉時，這種情況更明顯。與女孩相比，青春期的男孩力量確實更強。然而，這些力量究竟該用在哪裡？男孩總是在尋找機會，想要驗證和開發這種新潛能。為了讓男孩把這些需求導向正確方向，激勵、明確的指令、設定邊界以及榜樣，在青春期早期非常重要，而這些都需要具有領導力的成年人來完成。

同時，睪固酮也會提升男孩體內的能量，激發他們對運動的興趣，以及參與活動、挑戰自我和跨越邊界。這些渴望是一種身體需求，就像飢餓、口渴和睡眠一樣，應該被尊重。不過，**男孩也需要學會察覺身體的衝動並加以控制**。在這個過程中，他們需要啟發和指導、規則和方向。成年人的領導任務，就是幫助他們理解這種想動、想衝的感受，接納這種需求，並逐漸學會自我控制。

德瑞克把小約拿斯抱在懷裡，告訴他街上的車開得有多快，可能會有什麼危險；同時也叮囑不可以隨便跑到街上，因為很危險；之後，他們還一起練習在街邊停下來。

當男孩們已經在電視機前坐了很久，爸爸或媽媽說：「好了，關掉電視，現在出去休息一下！」

從游泳的體驗開始：青春期的丹尼爾帶兩個朋友去游泳；他的父母在那裡陪伴，蒸了很久的三溫暖，不做任何干涉。

安娜為兒子準備許多新的運動遊戲和點子：玩泡泡仗、踢毽子、練習速度球（按：練習手眼協調與肌耐力的器材）、倒著跑步比賽；走平衡木保持平穩——但這時一定要注意：男孩通常會很敏感（尤其是進入青春期後）。

控制衝動的能力比女孩慢

在幼兒園和小學階段，男孩普遍比女孩更好動，也更缺乏耐心。腦科學研究用「抑制能力」（阻礙或減緩行為衝動的能力）的發展來解釋這個現象。平均而言，**男孩的衝動控制能力發展速度較女孩慢**。但隨著時間推移，男孩逐漸從成人或同儕了解到，不能也不該立刻表達衝動。

同時，男孩也必須學會設立邊界，了解每個充滿激情的行為都有其禁忌區；他們也需要自我控制，在憤怒後學會再次冷靜。

家長的任務是引導男孩找到適合其年齡的運動並持之以恆。這在兒童時期相對簡單，因為在這個年齡，許多男孩都喜歡四處活動，彼此之間也會互相鼓勵。父母可以帶他們參加兒童體操、踢足球、游泳或手球等活動。

理想情況是，男孩能將運動的興趣延續到青春期。通常，當青春期開始時，一些規律、有趣且充滿挑戰的活動，以及某些體育運動，會為男孩提供嶄新且有趣的領域。男孩的想法開始出現變化，他們不再只滿足於簡單的運動，而是渴望做得更好、有好成績；運動的強度和需求也會逐漸提升。

如果要談到男孩與父母之間在身體上的一些較量，童年時期或許會非常愉快：這是一種美好的身體接觸。但隨著年齡增長，尤其是進入青春期後，情況會急轉直下。意思是，如果這種玩鬧變得較為嚴肅，我們就要注意：他可能會真的弄痛你。這時候，就該將衝突轉換到另一個層次。

當男孩的力量越來越強大，觀點的討論會逐漸取代這種身體上的較量：衝突將不再透過肢體，而是藉由語言來表達。但同時，適度的身體接觸仍然必要，例如：握住手臂，或將手搭在他的肩膀上，輕輕用拳頭或手拍他的肩膀，摸摸他的頭，說話時拍拍他的手臂。**身體接觸是建立親密感和連結的重要形式之一。**

2 愛唱反調？男孩行為偏好衝突

相較於女孩，許多男孩更喜歡直截了當的溝通，他們不喜歡天馬行空、拐彎抹角的方式，或是太多的枝微末節。

「今天在學校怎麼樣？」

「好。」

「籃球訓練得如何？」

「也很好。」

在睪固酮的影響下，男孩的想法往往變得清晰且明確。兒童早期和青春期初期正是男孩受到睪固酮強烈影響的兩個階段，但這時他們的身體和大腦還沒有完全適應，**因此男孩的行為通常偏好衝突**。舉例來說，當父母希望他們好好學習或者整理餐桌，他們偏偏不願意。在衝突的情況下，身體會向大腦提供睪固酮，立即啟動簡化程式。

這種機制會簡化並削弱男孩對許多事物的反應，使他們覺得外部環境和自己的想法不謀而合。這就需要父母在與男孩溝通時，調整語言：用明確易懂的溝通方式，確保男孩能接收到正確的資訊。

切記，**男孩更容易接受明確且容易理解的指令：**

- 「請把餐具從洗碗機裡拿出來。」
- 「做完作業不能馬上玩電腦，先讓大腦休息兩個小時，出去運動一下。」
- 「我希望你今天能打掃屋子。」

一般來說，男孩的大腦協調度不如女孩，更容易走向極端。此外，青春期因為睪固酮的影響，男孩可能會變得暴躁、直率和衝動。他們總是迫不及待的想說出自己的想法和觀點，這樣的表達衝動也可能會影響他們與成年人的關係。

如果男孩能學會控制內在衝動，不是釋放本能，而是用得體的方式表達，他們在社會上就更容易被接納。**這是一個學習的過程，男孩需要明確的指令——例如重複規則和清楚的分配任務。**

3穿衣要顯瘦，脫衣要有肉

罣固酮還有另一項作用，它會激發男孩對社會地位和階級的興趣，特別是和同儕（尤其是其他男孩）相處時，這種傾向在青春期尤其明顯。

許多男孩從兒童時期就對地位和競爭產生興趣，進入青春期後，隨著身高和力量的增長，這種地位之爭變得更加激烈。相比之下，兒童時期男孩與父親之間的衝突不過是兒戲。

在過去幾十年，男性的外表變得越來越重要。理想中的男性身體應該年輕、結實、緊緻、肌肉發達，甚至完美無瑕且精心保養。無論父母是否認同，這些觀念、標準與理想都會影響男孩。

這種影響不僅來自於形形色色的媒體和網路世界，當男孩的外表達不到理想標準時，還可能遭到同儕的貶低，被稱作「竹竿」或「胖子」。這些嘲諷會嚴重影響男孩成長中的自我意識和自我期待。

追求理想身形的壓力

如果男孩的身體仍處於發育階段，根本不可能達到理想中的形象。但廣告卻傳遞：身體是一種資本，一種作為男孩或男人進入市場的個人資本（體現在友誼、事業甚至伴侶關係上）。**當身體形象變得如此重要，如果男孩沒有發達的肌肉或健美的身材，他們往往會感到不安。**

男孩關心自己的身體、健康和外表，當然有其正面的意義。問題在於：嚴苛的標準、過高的期待和接踵而至的壓力，讓男孩不得不變得更強壯、更健康，才能保持男性魅力。這給男孩很大的壓力。

在這個鼓吹「外貌至上」的時代，身體形象變得越來越重要，人們必須透過相應的運動習慣來維持和改善外在。身體逐漸成為一種表達「自我創造」的方式，成為一種可以被塑造與影響的媒介。最明顯的例子，就是身體雕塑、整形等現象。

如同女孩追求纖細的身材與豐滿的線條，「穿衣顯瘦，脫衣有肉」對男孩來說也很重要。因此，男孩不只希望身材勻稱，還希望有多一點肌肉。這種審美的轉變促使男孩重新開始追求傳統的肌肉形象。

於是，**他們開始運動，進健身房鍛鍊身體，目的是雕塑身形**。此外，球隊成員所承擔的社會責任，也是激發他們維持好身材的動力。

各種練習、訓練以及一些有難度的鍛鍊，不僅能促進身體健康，對身材滿意，也有助於心理健康。然而，對許多人來說，這種體驗卻是遙不可及，因為目標往往過於高遠或是身體跟不上鍛鍊的速度。

想獲得理想的男性標準身材，往往離不開強大的自制力：包括嚴格的刻苦訓練、節食，以及反享樂主義的行為，甚至是一種單調且目標固定的生活方式。從批判的角度來看，這對成長中的青少年來說，風險也更大。

男孩可能會因跟不上他人的步伐而產生「失敗者」的感受，因為身體就是證據。尤其是處於青春期的男孩，壓力和追求完美的傾向，明顯加劇他們對身體的不滿，和對體態與外貌的懷疑。

在年輕人之間，對過瘦和肌肉不足的擔憂正逐漸蔓延。**他們的目標是練成「倒三角」形肌肉發達的男性身材**。另一方面，男孩們也害怕自己會給人留下「竹竿」

的印象，讓他們「缺乏男子氣概」或成為「失敗者」。

過去，男孩或男人只要擁有智力、地位或職業能力，往往就足以獲得認同，但如今的男孩或男人還必須關注外表，努力讓自己的身材達到理想標準。一旦與標準比較時，便很容易對自身產生負面評價，進而引發與身體相關的困擾。

喜歡吃肉、對沙拉和蔬菜興趣缺缺、暴飲暴食，愛喝啤酒和烈酒——這些經常被視為男性的典型行為。許多男孩注意到這些特徵，並認同這樣的想法。尤其是在青春期，在他們的男性氣質尚未完全發展時，這樣的行為能讓他們更像「男人」，也能在他人面前顯得更加男性化。

例如，含糖過多和含咖啡因的能量飲料，或油膩的漢堡，正迎合了男孩的需求。這些產品能給他們「陽剛之氣」，同時也威脅著他們的身體健康，導致男孩超重的比例逐漸攀升。

當然，父母若能明確表達自己的態度，並適時向孩子傳遞資訊，將有助於青春期男孩的發展。此時，父母應該少一些控制、多一些關懷。事實上，學習並掌握健康飲食習慣的關鍵期，通常是在男孩還小的時候。在童年階段，孩子們的飲食習慣往往受到父母的影響。

少管一點，同理男孩的身體情緒

男孩喜歡注視他們的父親，觀察他如何吃東西、吃什麼，以及說話的方式與內容。例如，當餐桌上有素食時，父親的表情如何？他對牛奶和麥片早餐有沒有興趣？父親的行為無形影響了兒子的飲食態度。

然而，在令人擔憂的飲食趨勢下，父母更容易引發男孩的抵觸情緒。合理均衡且健康的飲食對男孩固然有益，但他們並非能欣然接受所有健康食物。

例如，綠色蔬菜汁或純素食品可能會讓母親放心，但如果男孩更喜歡義大利肉醬麵，那麼偶爾允許他吃一次義大利麵，可能反而更為重要。為什麼要拒絕男孩真正想要的食物？

如果男孩在兒童時期做好充分準備，他們通常可以應對青春期的營養風險。

然而，新的身體形象會增加男孩的飲食風險。同時，青春期的快速成長和外表的變化，往往使男孩對身體感到不滿意。對外表的重視與無法達到的標準，常常讓男孩對自己的身體感到更不滿意。

當這種不滿的情緒變得極端，且持續較長時間時，罹患飲食失調的風險就會增加。與女孩不同，男孩飲食失調的症狀通常不太典型。

例如，男孩吃完飯後不會像女孩去洗手間催吐，反而會透過幾天過度運動來消耗熱量。因此，專業人士和父母必須提高警覺和敏感度，及時關注這些問題。

如果男孩運動量適中且飲食均衡，父母就無須過度恐慌或頻繁干涉。最好的方法是從小灌輸他們積極、正面的態度，讓男孩對自己的身體感到滿意。像是：

「熱可可，你喜歡的，對吧？你是真正的美食家！」

「看看你的腳，現在可以好好休息了。」

透過輕鬆的言語和親密的肢體接觸，父母可以讓男孩感受到：身體是為了美好的體驗與享受而存在，是一份禮物，而且和他們一樣可貴。

情感上的理解是建立關係的重要基礎，所以無論男孩心情好壞、無論他忙於保持健康還是處在沮喪中，**父母對男孩身體問題的同理與理解非常重要**。在這方面，女孩通常會受到更多的關注，男孩則較少聽到類似「你看起來很棒」、「我喜歡你」、「這件襯衫真適合你」的讚美。

父母應該反思，自己在哪些方面無意帶給男孩外表上的壓力、什麼時候讓他們感到不滿。**不斷的批評與挑剔外表，會深深刺痛男孩的自尊**。過度的身體焦慮與追求完美，會讓他們更沒有安全感。

父母過高的期望也是男孩對身體產生負面看法的原因之一。偶爾的鼓勵是必要的，但如果只是不斷指出男孩的不足，非但無法達到激勵效果，反而會讓他厭惡自己的身體。

這種情況通常在青春期更明顯。男孩往往透過別人的眼光來認識與評價自己的身體，隨著媒體和同儕回饋的壓力越來越大，輕微的不安感也可能迅速轉化成問題行為。在這種情況下，父母會感到不安是可以理解的。然而，由於這種不確定性，父母往往會直接出手干涉，表現出焦慮且過度謹慎，甚至批評男孩並且嚴厲管控。這樣的反應會導致男孩感到被誤解、束縛，在承受被評價的壓力之下，更可能加劇問題。

如果父母能坦誠面對自己的不安，不帶評判的關心男孩，詢問行為背後的原因，反而能更有效的幫助男孩。

4 過度運動，有時是一種逃避

一般來說，運動可以讓男孩學到很多東西。透過運動，他們會了解身體的極限，學習規則與公平，增強自我效能感與自信心。

此外，運動還具有社交性質。在訓練中，他們可以向其他運動夥伴學習，甚至找到值得效法的榜樣。幸運的話，他們還可能遇到充滿人格魅力的教練，若這些教練年齡相仿，男孩會更容易產生認同感。父母可以幫助男孩選擇適合的運動課程與教練，避免走上錯誤的道路。

不過，現實是，許多運動課程是「成績導向」。許多孩子剛開始會認真訓練，但隨著年齡增長，他們對強迫性的訓練和勝負壓力越來越反感。即便他們依然熱愛運動，但這種拘束感、比賽的壓力和對成績的要求，往往會有反效果。

一般來說，運動具有社交性質，既能強身健體，又能帶來愉悅的感受。無論是在運動時和運動後，男孩都能感受到積極的身體與心理反應。然而，如今許多男孩運動的動機，越來越傾向於雕塑完美身材。結合運動與節食，除了提升運動能力，他們更希望藉此擁有發達的肌肉、強壯的體態。

儘管運動員（特別是足球員）被視為運動的楷模，但除此之外，這項運動已被明星們塑造成一種消費品。

同時，專業運動員也成為廣告代言人，其身形和體魄成為男孩心目中的榜樣。**男孩和青少年常常模仿他們的偶像，甚至在社群媒體上傳與專業人士相似的姿勢，**心想：「我也想擁有那樣完美、訓練有素的身體！」然而，這願望往往難以實現。一方面，訓練所需的花費過於龐大；另一方面，廣告中完美的運動員照片大都經過修圖，與現實存在差距。然而，**男孩通常只會看見自己的不足，因而更加不安。**

儘管這個問題越來越嚴重，卻很容易被父母和男孩忽視。運動和訓練的確是積極而健康的，男孩確實也可藉此獲得成就感。但是，當運動過度或是出現問題時，情況就完全不同了——未經專業指導且缺乏節制的個人運動，隱藏著相當高的風險。

有些男孩會試圖透過過度運動，來掩蓋自己在青春期面臨的各種困難，甚至

到了「著迷」的程度。一旦過高的目標和不切實際的自我評估占據了心思，他們便難以控制自己的行為。

在這種情況下，即使男孩反抗或長時間悶悶不樂，訓練計畫也必須調整。這些都是大多數男孩無法察覺的警訊。那麼，誰該告訴他們？當運動過度時，俱樂部的隊友或教練或許會提醒他們。

然而，在健身房或是獨自長跑時，這樣的提醒往往不存在。如果父母發現這些狀況，應及時與孩子溝通，了解他們的想法，並且尋求專業的建議。必要時，甚至可以暫停給男孩零用錢或資源，阻止他們過度運動。

5 男性特質，就像一塊蛋糕

兒童需要父母明確引導以及親密的親子關係，這與性別無關。但人際關係總是難以擺脫性別影響。當我們觀察兒童和成年人的關係，很快會發現：誰愛說話、喜歡表現自己？誰常常試圖走捷徑？誰喜歡挑戰規則，或者用迂迴的方式避免遵守規則？誰更喜歡頂撞家長或老師？

大部分都是男孩。

當然，這不是說女孩不需要引導，或者她們能接受模糊不清的關係，而是她們的反應方式和男孩很不同。

男孩之間也存在個體差異，例如脾氣、性格特質或生活經歷，沒有哪個男孩和別人完全一樣。同時，他們的男性特質也各不相同。然而，毫無疑問的是，他們之間還是有很多共同性。一般來說，男孩在成長過程中需要更多支持、更明確的指引和更直接的指令。

對男孩來說，建立男性特質並不是一件容易的事（女性特質對於女孩來說也是如此）。男性特質的形成取決於很多因素，例如年齡、家庭背景、成長環境、民族和宗教信仰等。

此外，大量分泌的睪固酮會增強男孩的好勝心，這就是為什麼有些男孩會選擇運動生涯，而有些男孩則會透過成為學霸或音樂家，來平衡自己的衝動。

我們每個人都知道男性特質，但定義很不明確。唯一可以肯定的是：男性特質多元且豐富。雖然我們都認為男孩活潑好動，但並非總是如此。也有不少男孩不喜歡運動，覺得那沒什麼意義。

男性特質通常有以下三個來源：身體、心理和社會影響。我們無法簡單歸因於某一項因素，因為這三者之間緊密相連、相互依存、互為因果。

就好像一塊蛋糕，吃到最後你也說不上是哪種成分使它變得美味：是因為麵粉、糖，還是巧克力？

還有一個具體的例子：坐著小便。

從醫學的角度來看，坐著小便不會對男性的身體產生任何不良影響。那些認為男人只能站著小便的看法，更多是來自社會和心理層面的問題。有些男性會認為坐著小便不夠陽剛，他們的兒子也會以父親為榜樣，進而模仿。

站著尿尿，還是坐著尿尿？

對男孩來說，在戶外小便當然很輕鬆，使用尿斗也有同樣的效果。但當男孩使用馬桶卻站著小便時，難免會將尿液濺得到處都是。因此，男孩需要適當的指導和練習。在男孩的身高還不足以站著小便之前，建議盡量清楚的向他們解釋這方面的問題。

如果在家裡，以下有一個簡單且實用的規則：「**誰弄髒誰負責，而且要立刻清理**」（此規則同樣適用於過量飲酒後的嘔吐）。為了好好執行這項規則，父母可以一開始就和男孩討論廁所的使用規範，並實際演練。這個辦法通常非常有效：在他第二次清潔馬桶並擦了大片地板之後，他就會牢牢記住這項規則。

6 與母親的依戀與疏離

早期關係對我們的一生有深遠的心理影響。**在擁有穩定依附對象，並且被欣賞、被尊重的環境中成長的男孩，通常會有較高的自尊心。**他們在青少年階段往往能建立成熟的人際關係，也能順利邁向成年。然而，若父母性格軟弱或價值觀模糊，通常會傾向採取更嚴厲和權威的教育方式。這樣的父母即使和男孩生活在一起，也難以真正走進他們的內心。

而認識性別差異的第一步，始於與母親早期建立的親密依附關係。男孩的心理發展大約在四、五歲時開始成熟，逐步具備脫離與母親共生依戀的能力。他們會在這樣的關係模式中成長，並透過拉開內在距離，一步步完成與母親的分離。

此時，他們不再需要過度親密的情感連結，而是渴望成熟與獨立。隨著心理逐漸穩定，男孩開始產生關於「自我」、身體以及成為自己的想法。然而，即便如此，**他們依然渴望擁有親密且充滿愛的關係。**

這裡便呈現出一種性別傾向：男孩和女孩的發展路徑截然不同。男孩在這個年紀開始理解，「結婚」可能代表著另一種形式的親密關係。許多男孩在這個階段會想要娶自己的母親，但其實這只是他們試圖透過成為強大的人或勇士的角色，來表達對母親深切的愛。

然而，這會讓男孩陷入矛盾：一方面回憶起與母親的共生依戀，一方面卻又希望擺脫這種關係。

於是，男孩往往會在「接近母親的親密感」和「疏離母親的獨立性」之間來回拉扯。他們既想靠近又想拉開距離，如此反覆，形成一種兩難的處境。男孩的心態是既渴望親密，也渴望疏離（相比之下，女孩擺脫與母親的共生依戀則較為線性（按：兩個變量之間的相互關係）且少有矛盾）。

母親通常是我們生命中最早接觸、也最親密的對象，這意味著這段關係或多或少會影響一個人未來的所有關係。如果男孩在這段早期關係中對性別角色的認知產生矛盾，他未來的人際關係就可能因此受到廣泛影響。

與父親的認同和對抗

在探索與確立性別認同的過程中，父親扮演著極為重要的角色，因為父親是**男孩生命中第一個男性典範。因此，男孩與父親的相處經驗對他來說意義重大。**

當男孩開始想像自己娶媽媽為妻或成為媽媽的伴侶，並渴望被媽媽視為小男人時，他與父親之間的競爭便悄然展開。他希望自己變得更強大，試圖挑戰父親或取而代之。有時，當父母親密坐在一起時，兒子會跑過去與媽媽親近，似乎在對父親說：你在這裡是多餘的。

男孩在這場「競爭」中需要安全感，即確認父親是愛他的。只有這樣，他才會相信父親不會在日漸白熱化的衝突中輕易壓倒他。這份安全感讓男孩深信不疑。

到了衝突的最後階段，當男孩逐漸接受母親不可能成為他的伴侶的事實時，通常會在五歲或六歲左右，開始對父親產生更強烈的認同感：他想要變得和父親一樣，並繼承父親的某些特質、價值觀或行為模式。因此，**男孩在無意識中開始模仿父親**。然而，對父親而言，面對這種模仿和認同，往往不是一件容易的事。

芬恩遺傳了爸爸馬丁的脾氣，兩人都很衝動、容易暴躁。有幾次他們吵得特別激烈。現在又發生了一場劇烈的衝突。因為芬恩的不當行為，爸爸勒令他「休戰」，讓芬恩出去，等平靜下來再回來。同時，馬丁也意識到這似乎不太公平，於是補充說：「我也出去消消氣。」

7 爭執與衝突，不是壞事

男孩會透過任務關係來化解前面提到的兩難處境。所謂任務關係，是指圍繞特定主題、目標或任務而建立的合作關係，而不是基於親密的情感連結。足球比賽就是任務關係的經典範例。

男孩們在比賽中形成隊友或團隊的關係，無論是賽前或賽後，彼此的關係都相當明確；但在比賽進行時、面對任務或挑戰時，他們通常會迅速形成良好且緊密的合作。

透過共同任務讓彼此更靠近

對男孩的成長來說，這種活動不僅能解決人際關係的困境，更能積極的表達情感。任務成了一種媒介，讓事物得以順利推進。在這種同舟共濟、共同經歷的過程中，男孩也能體驗到依賴、親密和理解的情感，而這些情感體驗是透過任務關係，而非單純的任務內容所帶來的。

值得注意的是，任務關係模式通常會讓男孩更輕鬆，因此父母往往能更容易透過這種方式與兒子建立聯繫。**一起做點事、請他幫忙、尋找彼此共同的興趣或熱情所在，甚至聊聊足球或家庭之類的話題**——這些隨時隨地都能擴展任務關係的模式。尤其對於父親、叔叔或爺爺（這些與男孩童年有類似經歷的人）來說，這無疑是建立關係最快速的途徑。

至於母親、祖母，特別是沒有兄弟姊妹的女性角色，可能對這種任務關係的模式較為陌生，她們通常更注重與親密感相關的「情感性關係」（按：指以人情為基礎）。不過，即使是她們，也可以透過參與共同的活動或討論一些話題，例如政治。

在關係中，衝突是一種特殊但能有效解決矛盾的方法。透過爭吵，雙方帶著激動的情緒參與其中，既能建立連結，又能保持距離。因此在連結與衝突並存下，雙方不僅能保持親密感，還能維持適當的距離。如此一來，男孩在遊戲中說「不」

時，這種認同感會再次浮現。透過這樣的經歷，男孩可以像男人一樣體驗和展現自我。

值得注意的是，男孩們往往將衝突視為建立關係的一種方式，因為衝突可以讓矛盾浮出水面。理解這一特質非常重要，因為**爭執和衝突是他們與他人建立連結的形式。因此，我們不應只是把爭吵當成違抗或劃清界線的行為。**

父母其實可以放心，甚至樂觀看待下一次衝突，因為這意味著你的兒子正在努力嘗試與你建立更深的連結。

8最好的讚美：「你很好，你是個好男孩。」

男孩在幼兒園通常不會獨自玩耍，而是喜歡與其他同儕一起活動。他們比女孩更注重自己的性別角色。

從這時候起，與同儕一起玩耍、活動的經驗會持續影響男孩的心理發展，並逐漸在行為中展現出來，包括他們的男性氣質以及身分認同。

父母的引導從何時開始變得重要？不言而喻，從男孩呱呱墜地的那一刻起，他就開始體驗無條件的愛與付出，感受父母引導中溫暖的一面；在父母的影響下，他慢慢形成自己的性格，有時表現得很好，有時則不那麼理想。當然，心理方面不僅僅涉及性別認同，還有很多其他的層面。然而，性別通常是身分認同的核心。因此，對男孩來說，性別、關係和心理發展這三者密不可分。

理解、同理心以及適當的引導和支持，對童年時期男孩的心理發展尤為重要。青春期的叛逆幾乎不可避免。如果男孩在這個階段完全沒有叛逆，或只有很少的叛逆，幾乎不太可能。

即使在童年和青春期後期，男孩的心理依然會受到自身經歷和所學知識的影響，並透過模仿來獲得認知：男孩應該是什麼模樣？他們的言行舉止又該如何？這也適用於性別認同：男孩只做那些他們認為「男人該做的事」。因此，男性角色不可或缺。如果缺少男性榜樣，男孩只能透過表象或間接的方式來塑造自己的心理狀態，或者採取其他策略：不做那些被認為「女性才做的事」。

在此情況下，女性化的刻板印象便格外重要，因為對男孩來說，透過對比女性特質來理解男性氣質更容易。

青少年早期是不容忽視的階段，父親和母親作為兩個不同性別的角色，在男孩的性別認同議題上扮演重要角色。儘管在角色中，父親和母親是平等的，但他們之間的性別差異，卻構成了男孩世界秩序的一部分。

「你必須照媽媽說的做。」

「為什麼？」

「因為她是你媽媽。」

充滿愛的依戀是維繫關係、同理心以及父母影響力的基礎。這裡指的不是早期那些單純的需求，不是機械式、持續性的刺激，更不是永無止境的滿足需求，或者無窮無盡的抱怨和指責。

當需求沒有被無條件接納時，他們即刻可以察覺到這些情緒，男孩在童年時期最基本的心理渴望，是希望從父母那裡感受並聽到：「你很好，你已經做得很好，你是個好男孩。」他需要父母明確的態度，其中包含父母的價值觀，這是男孩真正需要的。

如果母親總是不斷抱怨或是不停指責，男孩會感受不到與她的連結，自然無法建立穩固的關係。如果父親總是緊張兮兮、手機不離身，或是動不動就拍桌子來展現威嚴，男孩會非常失望。

即使他們無法明確的表達這些感受，男孩依然有可能透過不服從、具攻擊性的言語或行為，甚至不安、退縮或憂鬱的行為來回應。

第 3 章

訓練他成為男人，不是大男人

一旦男孩開始意識到世界上存在兩種性別、性別差異的重要性，以及自己是男性時，他們就會開始尋找並驗證這些發現。他們會在遊戲、媒體、廣告、茶餘飯後的話題中，發現男性氣質，並將男性視為榜樣。

此外，男女分工不同及廁所、更衣室分男女等，也會影響並傳遞性別概念。對男孩來說，這種感受在童年時就已經開始萌芽，特別是從青春期開始，同儕（尤其是其他男孩）變得非常重要。**在探尋的過程中，他們會透過理解男性的特質與行為，逐漸形成自己的男性身分，並試圖以此展現自我。**

男孩對男性形象的要求，往往比女孩對女性形象的要求更嚴苛。當他們覺得自己的行為不太符合男性形象時，就會加強約束自己。如果男孩受到不公平的對待或委屈抱怨時，很可能會聽到這樣的話：「不要像女生一樣軟弱。」

為什麼男孩在這方面如此刻板？首先，大眾對男性氣質形象的定義依然很狹隘——從穿著上即可看出：男孩只被允許穿褲子，而女孩則可以選擇褲子或裙子。

這種刻板印象在我們的社會中根深柢固，很多男孩甚至心甘情願接受這種形象，成為刻板男性形象的實踐者。

直到今天，男性形象仍然常常與成就、成功、行動力或開拓精神有關。因此，領導形象往往會讓人自然聯想到男性，並認為領導是男性的特質，只有男性才具備領導力。

當然，無論過去還是現在，都有許多女性具備影響力，但她們是否真的被視為領導者、被認可為權威人物？

1明確要求他分擔家務

雖然原因可能已有所改變，但現象依然還在：當父母抱怨他們的孩子不尊重女性、習慣被伺候時，大部分指的是兒子。

以前，父母擔心做家務會讓男孩顯得「娘娘腔」（按：形容男性更傾向女性，具有性別刻板印象且含有歧視意味），當他們的兒子拒絕、撒嬌或是不想做時，父母很快會順從他。結果，他承擔的責任更少了。當男孩理所當然的享受這種全方位服務，卻忽略了社會化需求時，反而助長男孩自大的心態。

這種毫無興趣或事不關己的態度，讓很多父母沒有安全感，這種現象在男孩身上更常出現。女孩有時也會有這種情況，但是親子關係的和諧度會更高。

這涉及兩個部分：首先，和男孩的發展以及整體成長有關；其次，和他所處的社會有關。**對於自己的事自己做這一點，父母的態度必須明確**：學校用品、自己的衣服、房間、自行車等，都必須由男孩自己負責；當然，還包括與父母共同生活的日常任務，例如廚房、浴室和樓梯間的清潔工作。

在孩童晚期或是青春期前期，許多男孩已經不太想主動承擔家務，特別是在家事或是其他事上。然而，這並不代表男孩不適合或不願意為社會做出貢獻。只是，像是把餐具從洗碗機中拿出來，或是擺放到指定位置，這看起來確實沒什麼吸引力。

對很多家長來說也是如此，只是他們的感受更隱微。沒人會因為晚上要熨衣服或收拾碗筷而高興。因此，這完全不是要大家演戲，而是要培養一種輕鬆的態度：**即使男孩沒興趣，他也需要做點什麼**。當他不理不睬時，你可以告訴他：其實你也沒興趣。

為社會做些什麼，能幫助我們建立聯繫並找到歸屬感。如果一個人只顧自己，或是只享受別人的服務，僅是追求享樂，並不能幫助他適應現代社會。

長遠來看，最有效的方法是，明確要求共同承擔責任。

2 母愛不能缺乏界線

任何濫用權力的人總會暴露出自己的弱點，因為這種支配性的行為，往往反映出人格發展不成熟、性別認同缺失或內心的脆弱。

強勢面具的背後，往往隱藏著無法建立真正平等關係的現實，以及對自卑的恐懼。沒錯，男孩的父母的確會擔心：是否有方法可以幫助兒子，避免他們成為大男人主義者。

但是，家長也不必過度恐慌。男孩會在實踐中感受自己的男子氣概。在一次又一次的經驗中，例如聽到帶有性別歧視的話語時，他會更理解自己的行為。

親密、充滿愛意，同時又明確且有方向感的態度，能為男孩構建出不需要透過貶低和攻擊性行為，來表達男子氣概的重要基礎。一旦男孩輕視女性，或是習慣被女性伺候，甚至展現出其他貶低女性的行為，就已經可以認定某個環節出了問題。

當男人，但不能大男人

多數情況下，母親傾向於過度照顧兒子，使他們無法承擔起自己的責任。過度的母愛和照顧，正是將男孩養育成任性小王子的原因之一。這種現象當然也存在於所有孩子身上，也有母親會把女兒寵上天。這些個別現象的背後，隱藏著一種更大的趨勢，即大多數母親和孩子之間都缺乏明確的邊界。這不是無意識的選擇，而是出於天性。以下可能有兩方面的原因。

尤其是面對更暴力、更衝動的男孩，母親很少要求他們參與某事或是自力更生，因為她們想避免可能帶來的衝突。

如果每項要求都需要經過激烈的討價還價，母親就懶得再說了，為了避開這種衝突的關係，於是她逐漸降低期待：「我還不如自己做！」——這可以理解，但這也成了一種藉口，因為從長遠來看，這種輕而易舉的放棄只會害了他們的兒子：讓他們安於享樂，無法培養出完成任務的動力。

相反的，有些母親把女性化的處理方式帶入與兒子的關係中，因此過度照顧兒子。也許這是我們文化中老掉牙的尊老愛幼觀念，也許是因為母親認為兒子很脆弱，需要更多的幫助。

事實上，與女性相比，男性的發展普遍較慢，因此，也容易延長母親照顧兒子的時間。然而，這兩種原因對男孩來說都有害。當母親過度參與男孩的生活起居時，男孩自己承擔的責任會越來越少——現在是一些日常任務，以後可能就是整個人生。

就男孩而言，他們也會積極配合這種關係，這與他們童年時矛盾的想法有關：既想要「娶」母親，又會迎合母親的行為。這種源自童年的情結在母女關係中較難察覺。

當然，這也與父母的分工有關——母親可能是全職，或部分時間在家照顧孩子，而父親則通常是全職工作，因此這多少會影響到男孩。**母親總是在場，她們的無所不在和有求必應，無形中降低了自身的地位。**

就像市場經濟中的供需法則，無條件供應就和供過於求一樣，這也讓母親的身分貶值（可能是因為傳統的母性觀念，要求她們對家庭無條件的奉獻）。

如果男孩認為母親理所當然該圍著自己打轉，那麼母親就成了他專屬的服務人員。在這種情況下長大的男孩，往往容易依賴、缺乏獨立性。此外，母親若對自己照顧不周，總是犧牲自己來照顧孩子，會讓孩子內疚，進而形成模糊的關係和畸形的依賴。

母親不犧牲奉獻，兒子更獨立

尤其是當母親必須外出工作、照顧自己的需求，無法提供全方位的照顧，並且希望尋求外界幫助時，她們常常會陷入一種不確定感：我可以這樣做嗎？作為一個女人，我有工作的權利嗎？我為孩子犧牲得還不夠多嗎？這種不確定性，正是滋生內疚的溫床。

如果母親過於強勢，卻又未與男孩充分溝通，便容易陷入過度反應的危險。這種過度反應通常有兩種形式：一種是母親變得冷漠、理性，無法察覺男孩的需求，或是藉由責備將自己的不安投射到孩子身上；另一種則是過度體貼，甚至包辨一切。

但是，為了使男孩更好的成長並有所成就，現代母親似乎比傳統意義上的母親更重要。外出工作的母親，能為男孩的男性氣質拓展更多空間，即使父親未必能完全承擔起責任。**母親的任務不在於縱容和溺愛，也不在於二十四小時的照料，而是如何在工作和母親的角色之間找到平衡**。如此一來，她們不僅能幫助男孩體驗和尊重女性的價值，還能透過自我實現來提升價值。長遠來看，男孩將逐漸擺脫傳統男性氣概的束縛，發展出獨立自主的模式。

同時，他也會意識到，母親無法時刻陪伴，有助於提升他的自我價值，從而減少大男人主義。此時，父親的積極支持與協助，對於維持這種平衡與平等至關重要。

父親的榜樣影響男孩一生

父親手中還握有一張對抗大男子主義的王牌。作為男性的典範，他對男孩具有特殊的意義，特別是在他與母親建立關係的過程中。**男孩從父親身上學習如何與女性相處、該堅持哪些價值觀、該摒棄哪些價值觀**。父親還教導男孩，女性氣質並不可怕，必須學會接納。

當然，當父親主動承擔大部分教養工作和家務時，這種尊重也會自然而然的流露。父親是男孩男性化發展的典範，兒子會模仿父親，並在無意中繼承這種男性的傳承。

相比之下，父親所展現的男性氣質形象能為男孩提供良好的滋養。因此，父親不僅是「偶像」，更是互相促進、共同成長的對手，這取決於父子關係的深度與親密度。

然而，即使與孩子分開生活，父親對兒子而言仍然意義重大。即使兒子從未見過父親，父親的存在依然有其價值，並深深影響兒子的性格以及對學校的態度。

有些父親並未意識到，自己在兒子生命中有如此舉足輕重的地位，另一些父親則對此驚慌失措，甚至拒絕承擔責任，儘管這其實是他們成長的契機。男孩潛移默化的接受父親的男性特質，並試圖追隨父親。

同時，許多父親在與男孩相處的過程中，也重溫了自己男性氣概初現的時期和階段。在潛移默化中，許多父親也會重新發展或調整自己的男性特質。值得一提的是，以這種開放的視角，來看待現代化男性氣質的形象，不僅有助於男孩未來的戀愛關係，也能讓他們在學校的學習更輕鬆，日後也更容易成功。

男孩在許多方面都在潛移默化的追隨父親，然後才是其他男性同儕。同時，他們還可以從相關媒體中獲取男性特質。

男孩透過認同父親，接受了基本的特質與價值觀。作為男性氣質的範本，父親有著重要的意義：他如何處理人際關係、是否能展現多方面的男性特質，以及男性化與女性化之間的界線是否明確。父親幫助男孩整合自己的體驗，並傳遞出一個重要訊息：在關係中，男性氣質代表著自我欣賞、堅強，以及坦然面對並展現自己的優點與缺點。

然而，當母親的母性過度氾濫，父親很難展現自己關懷人的一面。一個過度理想化、幾乎無所不能的母親，甚至在教育上做得比男性更好。

這種極端情況雖然罕見，但在兒童時期，母親的不耐煩與控制欲經常會不經意的出現，並威脅到父親的存在感，例如：「讓我來做」或「你不能那樣做，應該是這樣」。這會讓試圖建立現代男性氣質的父親角色，開始退居幕後。

很明顯，這種模式在孩子上學之前就已根深柢固——而且**在教育中，父親的發言權通常較少。**

當父親默許這種現狀，他們已經或多或少將自己排除在男孩的教育之外，也將自己排除在與男孩的關係之外。這對男孩的發展會產生負面影響，也會導致他的男性氣質被削弱與貶值。

3 他的房間，就是他的領域

在一般情況下，男性會擁有屬於自己的領域。這不只是一種空間，更是一種重要的生活和生存空間。由於領域通常關係到個人的安全感，因此人們往往會為了捍衛領域而防禦或是反擊。

在學校裡，領域之爭也經常發生。比如，男孩一起吃飯時，經常會有這樣的爭論：「他總是那麼霸道，老是侵犯我的界線。」

對很多男孩來說，占領領域的行為通常具有很大的意義，儘管這些大都是無意識。他們會以各種方式來標記領域，比如個人物品散落在某些角落，或者從房間裡飄出來的香水味。

在面對孩子的領域問題時，父母一方面要守護公共區域和自己的區域，另一方面也要尊重男孩的領域。例如：襪子、運動包包、外套或書包不應該丟在公共區域；相反，如果兒子希望反鎖自己的房間，或是在浴室裡鎖上門，父母應該尊重並接受。

隨著年齡的增長，特別是在青春期，男孩會開始透過自己的房間來表達個人領域的思考與感受（如今，大多數孩子都有自己的房間；如果沒有，這同樣適用於公共房間中的個人區域）。

在個人領域上，很多男孩堅決捍衛自我決定權。一旦男孩「真正」進入青春期，**他的房間將成為他的第一個領域**，同時也和親密關係有關（如身體的羞恥感、自慰、性慾）。這都是自然的過程，父母應該尊重並理解。

對於一些家長來說，這不是一件容易的事，因為捍衛自己的領域象徵著男孩的獨立。這也意味著父母必須學會放手。甚至在象徵層面上，父母也不應該過度干涉或隨意插手他們的生活。隨著男孩逐漸掌控和管理自己的發展，他們的內在和外在自我也會日益成熟。在這個過程中，**父母的任務就是給予男孩足夠的空間**。

在青春期開始的過渡階段，最好讓男孩負責整理自己的房間，父母則適度給予支持即可——雖然這樣的做法確實充滿挑戰，但父母大可放心。

他的房間應該是真正屬於他自己的空間——這是男孩邁向成年的一個小步驟，

但對親子關係來說，卻是邁出一大步。父母應正視這種過渡期的重要性，或是設計象徵性的儀式，比如移交鑰匙、共同訂立規則協議並簽字，甚至是送一份禮物。

當父母完全交出男孩的空間時，雖然一開始可能會覺得有壓力，但隨著時間的推移，反而會感到輕鬆：家務負擔減少；需要定期清潔或檢查的區域也變少；甚至連因打掃問題而發生的爭執也很少發生（不論勝負）。

從那一刻起，**父母只有在事先約定好的框架內，或者遇到緊急情況時才能干預**。而這也取決於父母的忍耐力。如果沒有迫在眉睫的危險，父母應該盡量不去干涉；如果實在必要，則可以給出最後通牒。

例如，當出現嚴重的衛生問題，可能危害健康，或是涉及防火安全等情況時，才應該介入。

此外，若發現違法情況，例如房間裡藏有非法物品，父母在真正緊急的情況下，則無須事先打招呼，就能立即處理。

一般來說，只有在尊重男孩私人領域的前提下，才能要求他們尊重家裡的其他區域。

從青春期開始，與其說男孩的性生活是外在問題，倒不如說是內在的議題——體內激素的分泌會刺激性慾。

對男孩來說，性體驗既帶著羞恥感，又迫在眉睫。這些關於性的資訊和刺激又來自何處？該如何處理或是防止自慰？其他男孩又是如何面對這些慾望？男孩該如何將性付諸實踐？這究竟是怎樣的？能追隨慾望嗎？如果男孩在面對這些問題以及來勢洶洶的性慾時能保持冷靜，那當然是最理想的狀態。

然而，目前的性教育往往被誤解為僅僅是為了預防問題。從國家大力推行公共衛生安全的角度來看，性教育的重點似乎僅在於預防疾病、意外懷孕、暴力等問題，與男孩們真正關心的議題無關。

長期以來，性總是蒙著一層「羞恥感」的面紗，因此許多人無法坦然談論性慾或性需求，導致無法真正享受性的美好。如果有一個地方可以讓男孩學習與性相關的知識，並從不同角度探討性的議題，那就再好不過了。

然而，現實是並沒有這樣的地方，因此男孩們只能自行尋求補償：他們會和同齡人討論這個難以啟齒的話題，或者乾脆去搜尋色情內容。

由於性仍是一個敏感且令人尷尬的話題，男孩的色情行為要麼被掩蓋，要麼被妖魔化。許多父母甚至不知道自己的孩子多久會看一次色情影片，大多數父母甚至不想知道。在色情影片或書籍中，男孩找到了一種讓自己快速獲得性快感的方式：他們會本能的將性慾情色化。網路使色情資訊變得垂手可得，且免費無限制的提供試用。這樣的開放性吸引了許多男孩。

這些資訊雖然滿足了男性的需求，卻使男孩對性形成了單一且扭曲的認知，往往是簡單且貶低女性的。更嚴重的是，這還會帶來羞恥感和恥辱。

此外，色情內容還可能給男孩帶來極大的壓力。他們無法與影片中誇張的性表現競爭：無論是身材、耐力還是技巧，都無法比擬。這會讓男孩產生強烈的不安全感，甚至開始懷疑自己是否正常。即便有些男孩知道色情影片並非現實，但潛移默化之下，還是難免受到影響。

對父母來說，隨之而來的問題是：該如何在不依賴這些輔助品的情況下，幫助男孩穩定他們的男性氣質？單純依靠限制瀏覽色情網站或設立明確的邊界，無法真正解決問題。

男孩需要積極、真實的男性榜樣和生活體驗，來平衡虛擬世界中扭曲的陽剛之氣。只有這樣，才能讓男孩真正感受到自己的男性氣質，並在不斷的嘗試與探索中，逐步成長。

第 4 章

家長和老師
要站在同一條船

1男生不在意分數很正常

除了家庭之外，學校是男孩生命中最重要的生活空間。男孩的大部分童年和青少年時光都在學校度過，在這裡，他們不僅學習課本上的知識，還為了生活而學習。對許多父母來說，學校的表現代表了孩子的未來。

每到發下成績單的那一天，很多父母會因為課業成績與孩子起衝突。特別是在學期末，與成績有關的戰火經常是一觸即發，這類問題到青春期更是明顯。

孩子不重視、父母太期待，當然唸個不停

如果家裡的男孩一點也不在意成績，這其實很正常，特別是在青春期剛開始的時候。因為好成績未必能給男孩帶來實際上的好處，**被稱作「書呆子」反而更容易被排擠。**

然而，父母對學習和成績的態度卻很明確：男孩在學校的任務，就是好好學習，盡全力取得好成績。這種態度往往讓孩子感到厭煩，即便許多父母一再強調，只要有成績好，他們就不會再碎碎唸。

一般來說，只要沒有什麼太大的意外，孩子大都能平靜度過學校生活。但，一旦男孩在校表現達不到父母的期望，許多父母會變得歇斯底里，甚至不知所措。他們對孩子期望過高，總是既擔憂又焦慮，深怕孩子無法成為自主獨立的男人。於是，父母便不自覺的將壓力轉嫁到孩子身上——因為他們自己做不到。

如果這些男孩無法達到成年人的期待，往往就會出現健康問題或啟動防衛機制，以父母不樂見的方式回應。

對男孩來說，學業成績固然重要，但這畢竟不是全部。在學校裡，認知性（按：指直接透過閱讀或聽講來接收訊息）的學習常被過度強調。**男孩真正需要的是，在學校或其他地方學習到未來需要的技能與能力。**

討論男孩學業成績，通常圍繞著兩個問題：為什麼他們的學業表現普遍不佳，以及為什麼男孩的成績總是比女孩差。單從認知條件來看，情況本不該如此，因為男女之間的學習能力差異不大。從遺傳學的角度來說，這樣的觀點也毫無根據。

然而，實際情況卻是，即使在能力相當的情況下，男孩的考試成績仍略遜於女孩。

長期以來，男孩的平均閱讀能力也比女孩差；有些男孩在課堂上經常搗亂，放學甚至還得回家補進度。像輟學這樣的極端情況，男孩的比例也相當高。男女在語文和數學成績上的差異更明顯，但這與天賦無關。這些科目更像是「性別領域」——由於性別刻板印象，讓許多男孩擔心，過度熱衷語文且表現良好，會被認為是書呆子或娘娘腔。

如果仔細觀察會發現，並非所有男孩都有學習上的困難，只是有些狀況確實特別棘手。例如，有移民背景、在小學期間很常被留級，成績長期不理想；或是來自父母教育程度較低的家庭。此外，經常使用電子產品的男孩，成績也普遍較差。當然，個體差異也不容忽視，這些現象提醒我們：男孩需要學校和家長針對性別提供更多支持。

男孩在學校的表現，和他們與成人之間的關係密切相關。這不僅是男孩與老

師之間的問題，家長也扮演關鍵角色。因此，我們應該深入探討，為什麼有些男孩能在學業上表現穩定，這些男孩的父母到底做對了什麼。

2 不要輕易給他貼標籤

男孩變得「難教」的可能原因之一是，男孩與成年人的關係有問題。這裡指的問題，並不是指成年人完全不管或無法承擔責任，而是成年人與孩子的關係不明確，且缺乏說服力。即便他們試著引導孩子，態度卻搖擺不定，甚至連自己也不確定這樣做到底對不對。這種不明確的態度，讓男孩無所適從，也不知所措。

一個在父母明確指令下成長，並將其視為準則的男孩，通常可以在六歲（最晚九歲）時，對父母的引導做出適當的反應並內化，知道哪些行為會帶來不太好的後果；也不會讓自己被叨唸超過三次，還不收拾桌上的碗筷。

相反的，他會在父母第一次要求時就馬上做好——這不是盲目服從，而是出於愛和信任。如果他在學校經常搗亂，老師警告他後，他很快會知道是自己的問題，他可以安靜反省、從中學習。

那些沒有被明確引導過的男孩，往往會在某個發展階段上出現問題，或是對適應規範的敏感度較低。他們需要不斷的被重複提醒，卻仍然抗拒改變，甚至不願意承擔自己的行為責任。

他們通常把旁人的糾正視為干涉和多管閒事。這類男孩並非完全缺乏與年齡相符的成熟度，只是經常曇花一現，缺乏穩定的根基。正因沒有接受過父母明確的引導，他們的行為往往顯得混亂，內在也缺乏秩序。

催寫功課，反而讓孩童不想學

這一點也反映在學校作業。**缺乏明確引導的男孩，往往無法展現出與智力相符的行為。**對於缺乏穩定成長基礎的男孩，總是需要媽媽或爸爸來代替他們承擔動機與自我管理。在家裡，父母（多半是母親）不停的督促和提醒他們，但很多時候都徒勞無功：安排每天行程、催促寫作業或幫忙處理班級事務，甚至背著包包跟在男孩身後。習慣被這樣照顧的男孩，往往期待學校老師也這麼做，而且不太願意承擔責任。如果事情沒能如願，男孩很容易失去興趣，不想交朋友，甚至在參加自己感興趣的活動時也會故意搗亂。

許多父母根本沒有察覺到孩子的問題。因為在家裡看起來都很好，似乎沒有什麼問題。但在老師眼裡，情況卻完全不同。**老師們發現，男孩對作業或任務置若罔聞，必須一再強調和重複，他們才會開始執行。**

當男孩在學校和家裡都有類似的問題時，情況就會變得更複雜。如果老師的引導也不夠明確，有些男孩甚至才小學就相當目無章法。

老師或許會將孩子視作「夥伴」，以解釋的方式讓孩子理解教育的目的，以及遵守教室規範的重要性，但在建立嚴格規範和明確的制度上卻停滯不前。這並非偶然，因為家長和老師的背景大都相似，他們（尤其是教育工作者）在家裡對待兒子的方式，往往與對待學生的方式如出一轍。

撒母耳的母親對他的問題束手無策，情況也越來越糟。她描述了一個經常發生的場景：五歲的撒母耳騎著腳踏車跟在她後面。他想走另一條路，於是對母親喊了一聲。母親便煞車停下，準備等他過來解釋。結果撒母耳根本沒注意到，直接撞上母親的後輪，立刻摔倒在地。他站起來後驚慌失措，氣呼呼的哭著，對母親大喊大叫，甚至不停的捶打她：「都是妳的錯，誰叫妳突然停下來！」母親則耐心的等待，溫柔的安撫他，直到他再次平靜下來。

從這個例子看來，母親的引導並沒有給予撒母耳足夠的方向感和穩定感，反而顯得過於軟弱，缺乏有力的引領。

母親的態度顯示，她經常不確定自己該站在哪一邊，總是忍耐著，等待事情自行解決。後來，我們一起尋找更具引導力且清晰的方式。結果顯示：撒母耳也感到驚訝，他叛逆時不再那麼容易失控，也更能接受母親的指令。

「你就是這樣」是爆氣 NG 句

有一點非常重要：不要輕易給男孩貼標籤或下定論。例如：「這個男孩就是這樣，沒什麼希望了，他根本適應不了社會，以後也好不到哪裡去。」事實並非如此，所有的不足和問題都可以彌補。

父母也應該不斷學習與成長，當情況有所改善，男孩自然會繼續進步，即使「晚熟」一些也無妨。總結來說，家長和老師之間互相推卸責任毫無意義，互相抱怨與指責也無法解決問題。真正需要的是改善彼此的關係，給男孩清晰而穩定的引導。

事實上，所有的孩子天生都有完成任務的能力和渴望，儘管一開始可能能力不足或缺乏動力。但是，若父母的領導能力夠強，對男孩的成長無疑是很大的加分，男孩想要「自己來」的初衷，會激發他們對成功的渴望。家長們大可放心，只要安靜、放鬆、充滿耐心的陪伴就好。

他不是中二，只是高估自己

男孩對自己智力與能力往往過度自信，這種過度樂觀的態度，使得男孩在學校裡不夠努力，甚至搞不清楚什麼時候該緊張。因此，常常讓人覺得他們聰明但懶散。

另一個導致男孩高估自己的原因，是父母很少表揚他們的勤奮（對女孩卻不一樣），過度強調成績和結果。此外，完美主義和父母的時間壓力（例如「讓我來做吧，我做得又快又好！」），也是導致這種情況的重要原因。

最近，有一位老師惋惜的說，馬克思在第三堂課上寫了一篇非常棒的故事，老師非常欣賞，還特地誇獎了他。然而，回到家後，馬克思的母親卻撕掉寫故事的那一頁，因為她認為馬克思寫得不夠好，要求他必須重新抄一遍。這在老師看來毫無意義。一開始，馬克思的母親也感到困惑與煩惱，但後來她才意識到，自己這種過度的要求，反而壓抑了馬克思的學習興趣。

重要的是，男孩必須在各年齡階段逐步完成相應的任務和要求。在這個階段，他們通常能做得很好。他們努力學習，很多男孩都能學到很多東西，他們喜歡學習，學起來也輕而易舉——因此，他們也有不錯的成績。

然而，有兩種情況會讓男孩拿不到好成績：一是缺乏興趣，二是力不從心。

無論是哪一種，父母都應積極幫助或鼓勵他們克服困難，不要輕易放棄。家長要給男孩支持，協助他們擺脫困境。

當父母發現孩子在學習上越來越消極，越早介入效果越好。許多父母在這方面做得很好，這也是為什麼很少有孩子會真的放棄學業，這種問題也不會拖到青春期才爆發。

幸運的是，日常生活中有許多機會（例如刷牙、收拾房間、掛好浴袍、洗澡、擺好餐桌、從洗碗機中取出碗盤等），可以藉此向男孩提出適當的要求，幫助他們克服問題。

正確引導三步驟：提問、回答、執行

引導男孩的前提之一，是同理孩子，用愛陪伴，保持冷靜，還要帶點幽默感。男孩拒絕父母的要求，並不是父母做得不好，而是因為他們想激怒父母。因此，當男孩拒絕時，父母要保持冷靜，避免情緒失控、大喊大叫或威脅懲罰。父母的暴怒不僅會讓男孩害怕，還會顯示出他們喪失了領導力。

最有效的方法是重複某項任務。這時，男孩需要更多的支持，幫助他逐步解決問題。

比如，可以用「提問—回答—操作」的方法來協助：「看到了嗎？我把盤子從櫥櫃裡拿出來，放到桌子上，然後擺放在合適的位置上——好，我們完成了！」事實上，雖然是父母在做，但從男孩的角度來看，示範過程可以緩解內心的抗拒，減輕任務的難度，讓他更容易接受。

當男孩進入青春期，開始探索自我身分時，父母要反覆提醒：不要透過違反規則或攻擊性的行為來定義自己，而是用積極的方式來塑造自我形象。例如：「在人們面前，我是一個值得被信賴的人。」、「我可以完成所有的事情，對我來說輕而易舉。」而不是「我不是一個好男孩，我總是不守規矩，生來就是一個大笨蛋。」

在男孩抗拒時，懲罰、施壓或威脅通常無濟於事。此時，男孩需要的是成年人幫助他們建立自信和克服恐懼。這種幫助的形式和程度，會依男孩的年齡、問題的性質，以及情境的不同而有所差異。在一般情況下，男孩抗拒的程度越強，**需要的支持就越強**。

以下是由低至高的陪伴方式：

- 給男孩簡單提示。
- 在視線範圍內觀察男孩，給予簡單陪伴。
- 與男孩處在同一場域，父母可以在一旁做自己的事。
- 全神貫注的陪伴，專心看著孩子完成任務並協助解決困難。
- 與男孩一起完成任務，在過程中解決各種緊急狀況。
- 當孩子碰到無法解決的困難，父母直接介入，替孩子完成任務。

以家庭作業為例：

- 「現在該做作業了！」

- 「我就在你旁邊，你把作業完成吧。」
- 「你來寫作業，我坐在你對面讀書。」
- 「你作業做得很好，現在都完成了，接下來想做什麼？」
- 「重新讀一次這個題目。」、「你看一下，這裡有解題的關鍵字。」「我替你唸一遍，你仔細聽。」
- 讓男孩坐在旁邊觀察，由父親（或重要他人）一步步完成作業。

同時，父母也要解釋自己如何完成這份作業，用簡單、清楚且易懂的方式，讓男孩一邊理解，一邊得到鼓勵的正向感受。

舉例來說，父親可能會說：「看到我的方法了嗎？你也可以做到。」即使孩子只是在旁觀察，沒有真正動筆，某種程度上，他也參與在解決問題的過程。「我們一起完成了！」家長可以進一步鼓勵孩子：「你試試看吧！如果能完成，真的很厲害！」

3 對學校的印象通常都不好

對許多男孩來說，學校一點也不有趣。男孩在學校所形成的情感經驗，多半停留在感受層面，容易受其他男孩的評價或說法影響。整體而言，男孩的看法很主觀。

許多男孩認為「真正的男人」應該獨立、有距離、冷靜、自主，而且不太能表現出軟弱或不安，連在學校認真學習或細心謹慎也不受歡迎。

如果男孩在校表現不佳，他們會傾向與學校保持距離，甚至貶低學校的意義。否則，他們可能會因此覺得自己很失敗，甚至危及到他們對男性優越感、自信心和能力的認同。而這種與學校保持疏離或是貶低的態度，會強化他們對學校的抗拒。

不過，冷靜、自主且保持距離的男性形象，對男孩來說也有意義。如果男孩期待在學校有成功的表現，這種願景能幫助他們建立穩定的自我認同，獲得更多安全感，並更投入學習。

男孩對學校的感受，很少是積極、正面的，這很可能與性別偏見有關。早在小學階段，許多男孩就被灌輸這樣的觀念：男孩在學校的表現通常不太好，甚至連大人也這麼認為。

PISA（Programme for International Student Assessment，國際學生能力評估計畫）的研究結果也印證了這一點：**如果男孩接收到「男孩通常不是好學生」的訊息，他們的成績往往會比女孩差。**

相反的，如果在測驗前，強調男孩可以和女孩一樣有好成績，男孩的表現就會好很多。

由此可見，**對男孩的性別偏見，其實是一種自我實現的預言**，它是男孩表現不佳的原因，而非結果。任何因性別因素而被認為無法達到學校期望的男孩，往往會因此產生相應的行為結果。

此外，多數男孩在一開始上學時都很有動力——許多人對此欣喜若狂，他們不再是幼兒園的小朋友，而是小學生了！但是，當他們沒有被學校好好的接納，而且需求沒有被滿足時，失望感就會油然而生。

養男生，不能忽略性別差異

男孩對學校的印象通常不太好，在一定程度上，是因為老師沒有關注性別問題，也不夠重視男孩。除了學校帶給男孩的這些感受，老師的態度也有很大影響。學生成績很差、表現不佳，並且不能好好遵守規矩。普遍來說，這更容易出現在男孩身上。

然而，當女生有同樣的表現，卻得到不一樣的關注時，男孩就會覺得自己是因為男孩而被貶低。再加上，不良行為會給人留下長久的刻板印象，以上種種原因，都會導致男孩把學校視為不公平或是對他們懷有敵意的地方。

老師的性別對男孩的成績影響不大。

在男孩眼裡，學校本身更具有權威性，只不過小學的男老師相對比較少，學校成了「女人的天下」。雖然，這對男孩來說不是那麼重要，但在他們眼裡，卻成了另一項強化對學校不良印象的因素，並削弱學校對男孩的意義。

男孩對學校的看法，也深受同儕的影響。許多男孩對學校的期待和要求抱持消極態度。在男孩的文化裡，嚴格遵守學校的規章制度和行為，是不可取的要求。挑戰規則或不守紀律很容易在男孩中贏得聲望，相反的，勤奮、努力和積極投入學習的行為，反而容易被貶低。

因此，他們會竭盡全力避免被冠上書呆子的稱號，也藉此和「勤奮」的女孩劃清界限。

父親要多參加學校活動

最後，在男孩眼中，對學校這種無關緊要的感受，也與父母的態度，尤其是父親的態度密切相關——雖然不是所有父親都如此，但多數是這樣。

只要看看家長會上父親的出席人數就可以明白：前來參與的父親鳳毛麟角。父親的缺席和冷淡態度無形中傳遞出以下訊息：對男性而言，學校不重要。這種態度進一步強化性別刻板印象，讓男孩認為學校沒有價值，甚至完全不值得重視。

男孩會以父親為男性典範來模仿，即便有少數例外，男孩也會覺得那只是特例。其實，父親只需要意識到自己的責任，積極參與學校活動，這就是對男孩最好的支持。

4學校意味著標準化，很多人不適應

在許多老師眼中，「男孩」總是充滿爭議。他們常常是那些愛搗亂、惹麻煩的學生，這也是學校必須嚴加管理的原因：在老師辦公室裡，約有八成的問題都是針對男孩而來。

許多老師會直接或間接的表達，如果沒有男孩，學校會少很多麻煩。當然，也有不少例外，很多老師很喜歡男孩，享受與他們一起相處的時光。

但，整體而言，學校老師對男孩的印象普遍不佳。這種情況不斷重複，彷彿是一種自我實現的預言，又像貼在男孩身上的標籤，讓男孩逐漸認為：「學校不適合我。」

紐西蘭知名教育學者約翰．哈蒂（John Hattie），曾在研究中提出一個重要觀點：**學業成就取決於教師的教學能力**。

老師與學生的關係和同理心，對學業成就有決定性的影響。很明顯，男孩在學校遇到的問題，很大一部分與學校老師、環境有關。一位好老師不僅能激勵男孩的學習動力，也能幫助男孩建立積極的態度。

然而，要做到這一點，老師還要了解男孩及其興趣所在，並給出明確的指令和穩定的框架。因為，**許多男孩需要直截了當且堅定的態度，甚至是充滿公正性的嚴厲**。當前許多老師所欠缺的，正是這種明確且簡單扼要的教學風格。

此外，許多男孩在處理人際關係時充滿矛盾、衝突或反抗，卻經常被老師誤解為具有攻擊性，並認為男孩缺乏某種社交能力。

但事實上，**當男孩挑起衝突、積極表達自己時，他們其實是在獲得對未來職業生涯有益的技能**（如果最終能成功被接納）。不過，這種充滿挑釁的態度往往會在學校被打壓。

許多男孩用批判的方式表達自己的想法，很容易讓老師不滿，也讓他們覺得老師不願意與自己建立關係。當他們試圖與領導者建立關係卻遭到拒絕，男孩會感到憤怒和挫敗。**對許多男孩來說，展現出獨立自主的特質非常重要**。他們在人際交往中充滿自主的風格，這是一種男性化的形象，象徵他們不用再依附成年人。

男孩認為，擁有這種男性光環才卓越出眾，而不該成為適應社會、討好成年人的書呆子。這種態度並非只有特別叛逆的男孩才有，乖巧或安靜的男孩反而更喜歡觀察那些挑釁或反叛的學生，如何挑戰或反抗老師的權威。**如果老師能承受這一切，男孩會更有安全感。**

男同學，更喜歡對峙關係

男孩當然喜歡管理寬鬆的學校，但他們仍然需要支持：明確的規則——透過激烈的對話來遵守、藉由清晰的指令來釐清，以及透過後果來確立。

其實，許多男孩很喜歡這種對峙關係，例如，老師給出批判性的回饋時，或者老師親切、準確且清晰的表達自己的想法。

在家裡，男孩也會對老師的領導力有自己的看法和評價。尤其是年紀較小的男孩，面對成績時，常常會想：「努力學習是為了讓老師喜歡我。」如果沒有這些領導者的支持，男孩會缺乏成就感和自豪感，甚至會覺得成績太好是一件尷尬的事。

事實證明，老師的「人格」對教育具有關鍵性作用。其他因素如教育理念、班級的男女比例或老師的性別，影響力都遠不及老師的人格特質。老師的態度至關重要，對待所有學生應該一視同仁，尤其是成績不佳或有問題的男孩，而不是只關注表現優異的學生。

老師應該把自己定位為教育夥伴或生涯發展夥伴，而不是站在男孩的對立面；老師要能接納男孩感興趣的主題和內容，不會因與男孩的靠近或討論而尷尬或退縮。一位好的帶領型老師，一方面應該要對自己的職業充滿熱情，這樣更容易被男孩接受，能與他們討論學習中的感受；另一方面，老師也需要與男孩建立穩定的關係。好老師就像電影導演和催化劑，會一視同仁的對待班級中的每一位學生。

根據約翰．哈蒂的研究，老師領導能力的構成因素具體如下：

- 讓學生清楚知道老師的要求。
- 作為班級帶領者，老師能主導教學並處理班級事務。

- 願意從學生的角度，觀察並檢視自己與其他科任老師的工作成效。
- 可以質疑、懷疑、檢討自己。特別是在學生（男孩）的學業表現不佳、學習成效不彰時，不會直接歸因於學生缺乏動力、不夠勤奮或是能力太差，而是願意放下身段問：我還能多做什麼？我可以做出哪些調整？
- 有能力關心學生，樂意信任、認可、欣賞與尊重學生。

家長必須了解，學校意味著標準化教育，然而，總有些男孩（儘管比例不高）不適合這種標準化的環境。例如，班級規模過大可能會讓他們感到被忽視或淹沒；對於一些敏感細膩的男孩，學校的喧囂和繁忙則會讓他們不堪負荷；還有一些男孩，會因為焦慮和恐懼排斥上學，甚至是拒學。

父母為孩子選擇學校和老師，為他們創造良好的學習條件，這當然很重要，卻不是孩子成功的保證。多數男孩有自己的想法，他們的成功還取決於其他因素：隨著年齡增長，男孩越來越傾向和同儕在一起，同儕的態度往往比父母更有影響力。

5 關心和責任，要有明確界線

父母對孩子在學校的健康發展有著積極的影響。然而，男孩在學校遇到困難時，父母往往不願意先檢討自己，這可以理解，有時這麼做也合情合理。事實上，許多男孩在學校出現的問題行為，並不是在學校形成的，而是家庭的問題，在學校環境中顯現出來。

父母應該主動承擔責任，積極協助男孩用更好的方法面對學業挑戰。青春期之前和青春期開始的階段，父母對男孩的支持和陪伴特別重要。時間拖得越久，男孩越獨立自主、越自信，就越難被說服和引導。因此，在男孩十五、十六歲時，他應已具備明確的方向和組織能力，能獨立面對學校課業，並主動完成作業。

西蒙的父母很擔心。西蒙越來越退縮，在學校幾乎什麼都不做，甚至打從心裡放棄了學業，或者只想偶爾上幾節課。他已經好幾個星期沒有打掃房間，父母對此束手無策。

最後，他們帶西蒙接受心理治療，情況很快就明朗：這是一段缺乏領導力和明確指令的親子關係。西蒙罹患嚴重的憂鬱症，並且需要專業的幫助。我認為兒童青少年的精神病房更適合他，但他不想住院。經過協商，我們同意讓他先在門診接受治療，以便做出診斷並找到合適的解決方案。

父母需要為男孩做些什麼？他們應該給孩子提供明確的指令，鼓勵他們，並幫助他們做好時間管理。如果父母能主動解決教養中遇到的不適感，而不是將責任推給教育機構；如果他們能及時與學校的老師和管理者協商，在必要時為男孩提供堅實的後盾，他們就能給孩子更好的支持。

以下為您提供一些建議。

父母對學校教育有明確立場，能給男孩良好的教育基礎。學業上的成功主要靠著勤奮、主動的學習和持續的練習，而不是偶然的好運。

然而，許多男孩更願意相信天賦比努力重要。總有一天，他們會發現學校不是遊樂場，父母也會告訴他們這個道理，但這並不是唯一重要、甚至不是最重要的事情。努力很重要，但必須結合孩子的學習意願。否則，只會帶給孩子壓力和被迫屈從的不滿，對男孩沒有好處。

這種壓力會轉向內在，時刻壓迫男孩的內心，最終可能會用具有攻擊性、自私自利或貶低他人的方式表現出來。因此，來自學校的明確指令，對每個孩子而言，都是寶貴的支持。

烏里回想自己的學校生活，他不太喜歡學習，成績也不太好，他消極的態度已經影響到兒子。然而，在一次談話中，烏里轉變了自己的態度，並試圖傳告誡兒子：「在學校，你必須付出努力，有時候會非常困難，但這是我們無法逃避、必須面對的責任！」

明確性，還包括對男孩真實的理解和接納，讓他們如其所是。當孩子分享自己在學校的生活、經歷和處事方式時，父母應用明確且溫暖的態度傾聽和陪伴。

這對孩子能否發展出內在動力並進一步成長，具有關鍵性作用。男孩行為動機的核心，在於渴望被看到和被理解。父母穩定的關係、持續的關注以及對男孩的興趣，都是認同和積極關注的一種形式、愛的象徵。對男孩來說，這種動機從童年時期開始生根，並隨著人生階段的不同而逐漸成長。

對父母和男孩來說，**對學校事務保持穩定的邊界感**也十分重要：什麼時候該喊停，什麼時候該讓男孩自己面對？許多父母很難清楚界定自己與孩子的邊界，無法與男孩保持適當的距離。例如，當父母說「我能理解你的感受」時，若沒辦法真正同理，反而會讓男孩覺得自己只是父母的附屬品，只能按照大人的意思來做事。舉例來說，男孩在學校表現不佳而受批評時，父母很容易會過度介入。

此外，遇到衝突時，父母若不先搞清楚情況，就無條件站在男孩這一邊，也會讓問題變得更複雜。父母應該先反思，觀察並調整自己的反應。這能幫助男孩清楚明白：必須獨立解決自己的問題，這不僅必要，也相當必須。**明確的邊界意味著能感同身受的理解男孩，又能放手讓他們為自己的行為負責。**

6 鼓勵要精確，具體說出細節

態度明確的父母，會對男孩的潛力、學習能力和毅力會對充滿信心。基於這種信任，父母給的鼓勵會大大影響孩子。

「我相信你可以做到，證明給自己看！」、「你上次就做到了，我相信這次你也可以！」這些充滿愛意的肯定，能讓孩子感受到真正的支持。當男孩感到沮喪時，父母若能以同理心與理解來安慰他，也非常有效。

例如：「你覺得自己做不到嗎？」、「你現在對這個沒有興趣嗎？」但如果鼓勵變成單純的憐憫，就失去了鼓勵的初衷。

這種情況下，父母不是站在男孩身旁支持他，而是越過了他，例如：「哎呀，可憐的孩子，他不該承受這些。」這種態度只會削弱孩子的自信。

「你一定可以做到，這個困難絕對壓不垮你。你就很快會為自己感到驕傲，到時候別忘了好好獎勵自己！」

「我喜歡這樣的你，你總是能照顧到所有人的需要！」

「這真是太棒了，我相信你一定知道自己在做什麼！」

鼓勵，意味著毫無保留、單純的認同這個人。這樣的表達絕對比「做得不錯，但你一定可以做得更好」更悅耳。

- 「鼓勵」是認真、嚴肅的行為，不應用敷衍的態度面對

不帶誠意的隨便說一句「做得好」，幾乎是一種侮辱，而不是鼓勵。如果總是對微不足道的小事過度讚美和歡呼，也會削弱鼓勵的效果。

過於籠統的讚美會讓孩子變得依賴，缺乏自主性；過度單一的讚美則適得其反。如果讓男孩覺得自己做什麼都好、什麼都了不起，他們可能會變得驕傲自滿，或是一旦沒有了讚美，就立刻失去自信。

• 「鼓勵」不能缺少關注，並且要精確、具體的表達

「做得好，我為你感到驕傲」這樣的話過於籠統，男孩需要更具體的鼓勵，例如：

「今天，你學會了所有的單詞，而且只犯了一個錯誤，你現在的英文真的進步很多。」

「你真該為自己感到驕傲！」

由於我們更容易接受批評，對於鼓勵，我們需要更積極的練習。例如，可以試著安排一個「優點日」或「幸福日」，只關注孩子的優點，並相互分享或交流。又或者，當訪客來訪時，邀請所有人只記錄男孩的優點，並具體指出來。這樣的鼓勵方式能激發男孩的積極性，讓他們為自己感到驕傲。

偶爾的表揚或一週一次的鼓勵遠遠不夠。對男孩來說，最有效的鼓勵是持續不斷、適切的給予，並真誠讚美孩子的優勢和付出的努力。鼓勵意味著男孩值得

信任，這種信任遠比他們能感受到的更多。

男孩經常陷入困境，要不是設定了難以實現的高標，當他們意識到自己根本無法企及，很快會陷入失望之中；要不然就是目標太低而陷入平庸的沮喪。有效的鼓勵需要父母準確的知道，男孩所處的位置、他能做到什麼、他可以達到什麼程度。

- **「給出好建議」也是鼓勵的一種形式**

要做到這點，需要父母細心觀察，並有效的回饋以下四個訊息：**現在在哪裡、能做些什麼、你相信他能做到什麼、下一步該做什麼。**

許多父母誤以為給男孩「好」的評價就已經是充分的回饋，事實上，這只是給孩子打成績，並不是真正有意義的回饋，而且這種只看成績的回饋，往往會讓孩子感到羞恥與無助。因此，父母必須學習如何有效的鼓勵和回饋。

我經常在諮商室裡遇到一些非但不鼓勵男孩，還和男孩一起抱怨的父母。他們常常把學校作業視為沉重的負擔，這會削弱男孩的自信心。父母總是陪兒子抱怨學校要求太高和負擔太重，會讓男孩無法客觀評估自己的能力。過低的要求以及過度呵護敏感的情緒，只會讓他高估自己，最終陷入幼稚的自負之中。

當然，父母可以和兒子偶爾一起抱怨，比如：在陽光明媚的週末，竟然還有一堆作業要做。但真正更重要的是，他們應該一起思考如何安排時間，讓全家人一起出門郊遊。

事實上，男孩完全可以獨立完成作業，自己背運動包、處理許多衝突，在這種情況下，他們不需要過度的保護。溺愛和縱容只會讓男孩變得依賴且缺乏獨立性。相反的，鼓勵、適當回饋、幽默感，以及充滿信任的帶領，才能讓男孩變得更強大，並真正體驗到何謂自信。

特別是對於較小的男孩，「問—說—做」的技巧對寫作業非常有效：

我現在要做什麼？第一個作業是什麼？啊哈！我應該寫一個故事。這個故事要怎麼開始？我寫下第一句話，然後再讀一遍。接著我問自己：它應該怎麼發展下去？我先把一些重點記錄下來。

這種自我提問與行動，不僅能幫助男孩理清思路，還能增強他的自信與獨立自主。

7 男孩特別需要安靜的空間

學校的學習經常需要孩子投入大量的時間和精力。父母可以在這方面支持男孩：**為孩子預留足夠的時間和空間。**

在繁忙的日常生活中，要做到這點並不容易，但如果時間管理得當，男孩會受益匪淺。孩子需要充足時間的情況有兩種：一是用來複習、完成作業或準備考試和小測驗；二是讓大腦有時間處理和消化資訊。適當的休息（停頓）至關重要，例如，在單詞學習或完成作業後，讓大腦皮質中的資訊得以沉澱。

因此，大腦每天都需要較長的調整和休息時間，來消化和鞏固經驗與所學知識。所以，男孩需要充足的睡眠。**在青春期之前，確保男孩有充足的睡眠是父母的責任**。同時，盡可能明確規範作息也有幫助。

數位設備，如電腦、手機遊戲、遊戲機和電視，屬於低門檻的被動娛樂方式，男孩們特別喜歡用來消磨時間。當前研究顯示，這些數位設備會影響孩子在學校的表現。

如果男孩帶遊戲機去學校，情況只會變得更糟。這些設備會吞噬孩子大量時間，占據大腦的運轉空間。毫無疑問，電腦和遊戲機是真正的學習破壞者。

這並不是在妖魔化電子產品，也不是提倡全面禁止，因為電子產品確實有其價值和意義。但在時間管理上，男孩需要父母的支持。他們需要的很簡單：一段充足的時間來學習、休息和睡眠，讓大腦可以充分處理所學的內容，避免新資訊馬上覆蓋舊有的知識，而遺忘了重要的資訊。

活潑好動的男孩特別需要安靜的時間。他們必須學會靜下心來，思考、感受，並學會與自己相處。男孩在下午和晚上尤其需要休息，這樣他們才能在隔天上學保持良好的狀態。男孩在家時，最好能有放鬆的時間，在喧囂的日常生活中找到片刻的寧靜，或是直接到大自然散散步。

因此，父母需要花時間陪伴孩子，盡量放慢腳步，讓自己和兒子不至於被生活的節奏淹沒。**這時，父母只需單純、無壓力的陪伴孩子，沒有特別的要求，也不用刻意做什麼。**

這些短暫的放鬆時刻，能帶來更多的安寧。父母可以藉機問男孩：「你還好嗎？現在感受如何？」在做作業的空檔擁抱孩子，在吃飯前輕輕握一下手，讓孩子在完成數學作業後稍微站起來活動一下，深呼吸，伸展四肢，然後繼續學英文。

不要期待學校會教好兒子

學習、上學、教育和成長——這些對於男孩來說並不總是愉快，同樣，對於需要陪伴男孩面對的成年人來說，也未必輕鬆。

因此，特別重視教育中明確性和親密感的父母，往往會承擔起令人頭痛的教育任務。他們會耗費許多心力，比如幫助孩子逐漸熟悉規則、學會遵守規則，甚至在孩子做不到時，讓他們感受到適度的不舒適或是承擔後果的必要性。

他們還會幫助男孩逐步學會控制衝動：不是想到什麼就馬上說，而是要等待合適的時機；不要盲目行動，要三思而後行。他們會幫助男孩學會延遲滿足（按：透過忍耐、等待，讓孩子獲得自己想要的東西），並理解有些需求可能永遠無法滿足。

有一些家長因能力有限，無法在親子關係中融入足夠的愛。他們認為家庭應該以和為貴，只想扮演最有愛心的父母，或只展現好的一面。

然而，他們也清楚，男孩必須學會許多人生道理。畢竟，人生不是只有快樂，也不可能沒有衝突，更不可能輕而易舉的獲得好處。因此，當事情不順利時，父母需要適時對男孩提出要求並激勵他們。

這樣的過程確實不好受，所以，越來越多家長傾向把責任推給別人，特別是學校。許多家長希望學校能承擔起讓孩子努力學習的責任，培養責任感和自律、完成學校任務、融入團體生活。他們期待學校能更嚴格，讓孩子更好管教。

然而，即便父母因工作繁忙無法花太多時間陪伴，但為孩子建立基本的品格，仍是他們的責任。如果這項任務未能及時完成，這些問題在孩子成長過程中往往會「捲土重來」。當男孩發現可以推卸責任時，他們也會容許自己這麼做。

眾所周知，**孩子透過模仿來學習，他們往往會重複父母的行為模式**。如此一來，男孩就不用對自己的失敗負責，可以把責任推給別人，甚至依賴別人指正和監督自己。

最後，他們可能會轉身說一句：「不是我，是他！」

即便困難重重，家長也應該努力試著自己解決問題，而非單純寄望學校能教會男孩尊重和責任感。確實，有些男孩的教育挑戰不小，當父母束手無策時，這其實是個警訊，提醒他們必須立刻做出改變。然而，許多家長在這種情況下反而更無所適從，甚至很快選擇放棄。

前來接受教育諮詢的孩子中，男孩的比例明顯較高。原因之一，是許多父母放棄家中的領導角色。如果父母開始覺得自己無法再承擔教育的責任，這是在提醒他們，該考慮尋求短期的專業協助了。

父母希望男孩能在學校中醒悟過來，我可以理解這種心情。但現實是，學校無法完全承擔這樣的角色。有時，父母與學校的帶領者或老師合作，反而能有更好的效果。因此，與學校的負責人，例如學校主任，保持積極溝通並達成同一陣線，對孩子的教育會很有幫助。

學校不是讓男孩瞬間社會化的魔法盒。家長必須認清，學校無法彌補他們在家庭教育中的力不從心。此時，家長也應該自我檢討，重新找回家中的明確感和領導力，並尋求必要的支援。

8 當孩子在家謾罵老師，你一定要制止

如果男孩在學校和家庭都能獲得明確的指引和良好的照顧，並且人人都能相互尊重和欣賞，那麼他通常可以更腳踏實地的為明確的目標努力。

因此，**父母的任務之一就是協助老師**。老師是專業人士，值得信賴，他們對男孩的觀察，對父母很有價值。因為許多男孩在校的行為，家長往往難以察覺——這其中包括優點，也包括問題行為。有些家長一開始就對老師抱有敵意，這對男孩毫無益處，反而容易引發不必要的衝突，還會削弱學校的專業性。

有兩個小學四年級的男孩被禁止參加校外活動，因為他們沒辦法好好遵守規定，老師認為帶他們出去可能會發生危險。這兩個孩子不得不留在學校，和其他班級一起上課。兩個男孩的父母還沒來得及釐清來龍去脈，就直接衝到學校找老師理論：「為什麼不讓我們的孩子參加課外活動？」

在學校裡，老師有引導、帶領的責任，學生必須尊重和重視這樣的角色。當男孩在家隨口批評老師，家長應該適時制止。然而，男孩的不滿也不該全盤否定，家長可以用關心的語氣問：「發生什麼事？是什麼讓你這麼討厭老師？」這樣既能讓孩子感到被理解，也有助於找出問題的根源。

當孩子在家謾罵老師，家長要立刻制止。當然，孩子可能還是會抱怨或大聲嚷嚷，但籠統的貶低只會損害學校和老師的權威。家長務必要尊重老師和他們的工作。

從某種意義上來說，家長和老師在同一條船上，如果縱容孩子隨意貶低老師，也會損害家長自身的威信。

有些家長則「孜孜不倦」的削弱學校的領導力。他們批評老師、抱怨學校，甚至質疑老師的能力，例如：反覆強調個人的偏見或貶低某個老師的教學態度。這種行為不只會損害學校的權威，還會讓男孩進退兩難，既憤怒又矛盾。

在一般情況下，老師或家長會以權威的方式回應：老師要求男孩遵守紀律，家長則會用投訴和抱怨來威脅學校。然而，這些批評學校的家長經常沒發現，終有一天，他們要為自己的態度付出代價。

因此，父母要特別注意，不要間接損害學校的權威。父母是男孩的榜樣，如果他們經常在孩子面前批評學校或老師，那麼他們的威信也會下降，甚至變得毫無分量。

西奧是一位非常聰明、創造力十足的男孩。他被懷疑患有注意力不足過動症（attention deficit hyperactivity disorder，簡稱ADHD），目前是小學二年級。他不斷希望引起他人注意，當老師要求他寫作業，他經常憤怒的掀翻桌子。

當他這麼做，他的老師會溫柔堅定的告訴他，他必須重新把桌子擺回原位。他對此無動於衷，老師再次告訴他，他必須在放學前一個小時將桌子移回原位，如果他沒有做到，就和老師一起待在教室裡，老師會通知他的爸媽。到放學時間，那張桌子還是躺在原本的位置。西奧不得不繼續待在學校，四十五分鐘之後，他把桌子擺回原位，接著和老師一起離開。媽媽在門口等西奧，她心疼的把西奧抓在懷裡，用義憤填膺的態度咒罵老師「真可惡」。

當然，接受學校的權威不代表完全不能批評或反抗。如果老師確實怠忽職守，或者男孩受到虐待或不公平的對待，男孩當然有權反抗，父母也應給予強而有力的支持和幫助。

在這種情況下，父母的責任是站出來保護男孩，冷靜且有理的與老師或學校負責人面對面溝通。家長的態度要明確，積極介入並解決問題。

學校的環境和氛圍對男孩的成長至關重要，而男孩的行為舉止很大程度受到父母影響。如果父母有領導力，能與孩子建立清晰而穩定的關係，男孩會更容易認同老師，接受並遵守學校的規則。他們也會有更好的團體適應力，並且更願意主動達成學校設定的目標和要求。

第 5 章

那些被 3C 餵養長大的男孩

1電子產品不是妖魔鬼怪

在這個年代，電子產品的使用已成為僅次於學業成績的第二大衝突來源。電動、電腦和手機，成了對男孩最具吸引力的休閒娛樂。它為男孩打開了一扇輕鬆、有趣、充滿刺激的享樂大門。當然，電視可以開拓視野，電腦的使用也能讓學習更便捷。例如：用社群媒體傳訊息和聊天，能提高他們的語言表達和反應能力；甚至在球類的電動遊戲中，也能學習知識並提高相應技能，像是視覺處理、空間感和反應力。有些男孩特別喜歡暴力的角色扮演遊戲，像是《魔獸世界》（*World of Warcraft*）、《決勝時刻》（*Call of Duty*）系列等遊戲，他們除了可以從中感受到自己的能力、享受成功的滋味，也能在同儕的玩樂中學習社交技能。

這些娛樂之所以吸引男孩，其中一個原因是，當在使用電腦或手機時，大腦的獎賞機制得到前所未有的刺激，這是父母的讚美、一張滿分考卷所不能及的。

當然，我們無須妖魔化電子產品，男孩也不會因為用了電子產品就變成古怪的書呆子，或者是精神出現問題。這些都是現代生活的一部分，對「數位原住民」（按：指從小就生長在各式專位產品環境的世代）的年輕人來說更是如此，這些工具本身沒有問題。

過度使用手機和電腦的男孩，一定會出現問題——此假設是否正確？在某種程度上，這樣的假設並不正確。研究顯示，在社群媒體使用出現狀況的男孩，多半來自有狀況的家庭。從這個角度來看，網路媒體本身的問題並不大，關鍵在於，因男孩本身的問題，導致毫無節制的使用網路。他們的電動越玩越厲害，也越來越容易失去界線，進而把家庭氣氛搞得更緊張。同時，我們的男孩也更懂得迴避問題。就這樣，電子產品的使用開始成為一個大問題。

斯文有很多朋友，但如果你仔細詢問，可能會發現她根本不認識這些人。她所說的朋友，多半都是從電腦遊戲中結交而來的網友。斯文受不了現實生活裡的男生，她表示，這些人只會踢球和到處閒晃，非常無趣。精通電腦的她，每天花十幾個小時上網，對她來說很正常。在這之後，她的話越來越少，不再和家人一起吃飯，也不再遵守規則和承諾，這才引起家人注意。她的家人要她剪斷電腦的電源線，斯文憤怒的打了媽媽。手足無措的媽媽，決定打電話報警。類似這樣的衝突，讓斯文和她的母親前來接受諮商，希望能得到一些幫助。

為了不讓孩子什麼都不會、為了讓孩子能跟上數位時代的趨勢，我們必須學會怎麼面對電腦、手機、電動的誘惑。如果孩子做不到、沒有辦法自律，就沒有資格使用這些設備。此外，電子產品確實會有負面影響，像是浪費掉大把時間、讓學習成績下降、損害健康等。我們可以發現，房間裡有電視的男孩多半會比較胖，可見這一類媒體的迷人之處和吸引力，以至於許多男孩沒辦法靠自己設立健康的界線。此時，父母的引導就非常重要。

幫助他設立健康的界線

在諮商時，我發現手機經常導致親子衝突。本諾的媽媽不想讓十四歲的孩子把手機帶進房間，但她卻無計可施。本諾晚上打電動、玩手機遊戲、上網或醉心於社交媒體，甚至一整個晚上不睡覺。我的建議是：手機不能帶到臥室。很顯然，手機的誘惑太大了。下次我再與這位媽媽見面時，她分享了孩子聽到規定的反應：我不可能做到，我需要手機的鬧鐘叫我起床。經過一番沉默，兩個人都笑了。他們意識到絕對有比手機更經濟實惠的物品：鬧鐘。她讓本諾挑選自己喜歡的鬧鐘，在晚上進房間時，乖乖的把手機交出來。

在什麼情況下，電子產品的使用是合理且健康的，又到什麼程度，開始會出現副作用？這個界線不好拿捏，通常會因人而異，因為不同的男孩差異很大，不同的手機遊戲也不一樣。舉例來說，十四歲患有注意力不足過動症的孩子，玩競速類型的遊戲超過半小時，就會感到不堪負荷，其他孩子可能玩了兩個小時都不嫌累。在合宜的使用時間下，放下電子產品後，既不會精疲力竭、也不會感到緊張，反而能達到放鬆心情的效果。

倫納特今年十二歲，他很喜歡在家裡打電動和看電視，這已經成了一個大問題，特別在週末和假期的時候，情況更嚴重。為了了解電動和社群媒體對他到底有多重要，我與他訂下每年有兩個週末，進行「無數位產品」日的活動。堅持幾次後，倫納特竟然沒太多失落，他的爸媽也很享受從手機抽離出來的時光。

不是每一個男孩都會手機成癮。很多孩子痴迷於手機、電腦、電動，甚至到了成癮的地步。當他們沒有辦法使用這些數位產品時，會出現震顫、強烈不安或具有攻擊性的行為。**男孩比女孩更容易手機／電腦成癮，至少高出兩倍**，其他研究也顯示，男孩成癮的人數是女孩的九倍。網路成癮方面則沒有性別上的差異（部分研究指出，電腦成癮的症狀並非成癮本身，最嚴重的是憂鬱的症狀。因此撕開遊戲成癮的面具，我們真正要面對的是青少年憂鬱症的問題）。

2 善用多巴胺

能否允許孩子看電視、使用手機和打電動，幾乎是每個家庭都會有的爭論，特別在童年晚期和進入青春期後。有些父母擔心射擊類遊戲會讓男孩變暴力，或是男孩會沉迷於社群網路。打電動持續的刺激男孩，直接牽動著他們的人際與情感世界、腦內獎賞中樞的運作和對自己的身分認同。根據研究統計數據，**男孩在電子產品和遊戲上花的時間，比女孩高出二·五倍**。

二〇一八年最受歡迎的電玩遊戲《要塞英雄》（*Fortnite*），在二〇一七年發布免費版本，當時就已經風靡無數青少年。玩家要在聚集了一百位玩家的小島上，為了自己的生存而戰，手段包括收集武器和彈藥。這款遊戲的設計很厲害，其中的角色不但會打鬥，還很會跳舞，許多玩家即便關掉電動，還是會在生活中模仿這些角色。玩一場遊戲平均十分鐘到十五分鐘，有時會更久，很多男孩深陷其中，甚至上癮。男孩在玩遊戲時特別興奮，完全沉浸在《要塞英雄》的世界裡，不論父母如何要求他們停下來，他們就是做不到。

班尼今年十一歲，過去幾個星期，他一有時間就會玩《要塞英雄》。他的父母沒有多想，把其中一支舊手機交給他，如今他們發現自己的兒子變得不太一樣。不確定是因為這款遊戲還是進入青春期，也可能兩個原因都有，班尼的情緒變得非常不穩定，相當暴躁並且帶有攻擊性。在媽媽提醒他寫作業或不准他玩遊戲時，班尼先是假裝沒聽到，接著就會口出惡言。

類似《要塞英雄》的遊戲，與其他會讓男孩無法轉移注意力的應用程式，是一種非常嚴峻、不容小覷、必須努力克服的危機。對多數男孩子來說，在沒有外力介入的情況下，要戒掉遊戲幾乎不可能。

《要塞英雄》的情況好一點，至少遊戲的設計是讓玩家一次又一次重新開始，這種「永無止境」的遊戲模式比較不會讓人上癮，但仍然具有上癮的風險。在這一類的問題上，父母要好好問自己：怎麼幫助自己的孩子，在規範好的時間內享受遊戲的樂趣，避免成癮的危險。

一般來說，父母對遊戲以及遊戲對男孩的吸引力，經常過於敏感。然而，為什麼男生這麼喜歡電動遊戲？因為許多人在遊戲中看見與他們相似的生活處境：在競爭激烈的環境下，感受外界的各種要求。他們得努力在大環境與經濟的競爭下求生，他們需要堅持不懈的努力，而有些時候，他們必須允許自己稍微放鬆。

在遊戲中，得到歸屬感

《要塞英雄》的遊戲內容涉及征服、戰鬥、防衛等非常「男孩子」的主題，其玩法安排豐富的挑戰和可以得到即時回饋的獎勵制度。這是讓這麼多男孩如此愛不釋手，緊緊抓住他們的心的原因，還能在同儕之間找到歸屬感（「大家都在玩這款遊戲」）。

為了融入群體，男孩一定要了解這個遊戲在玩什麼。這不是「射擊遊戲」，雖然在遊戲裡確實會出現攻擊性行為，但被打中的人不會流血或面露痛苦，遊戲裡的暴力，只是將對手趕離遊戲的手段（可以想像成，打中你的人不是真的討厭你，只是想讓你先離開遊戲）。失敗的一方會一再嘗試，想表現得更好；獲勝的一方則會想再次得到勝利。這個遊戲因而無限循環，不斷的重覆，直到玩遊戲的人自己選擇結束。

對孩子來說，他們可能很難發現這背後的設計，即使因為輸了而沮喪，他們會告訴自己下一次一定能成功。每一個遠方的對手、在路上發現的寶箱、每一次小小的成功，都會激發腦袋中的獎賞中樞，讓快樂的多巴胺繼續分泌、讓玩遊戲的人既興奮又愉快。

3 允許他一週玩兩次

在孩子開始玩遊戲之前，父母要及時並持續告訴他們：**儘管玩遊戲很愉快，但所有的事情都要有限度。**你必須控制自己的衝動，調整自己的情緒和行為，這點非常重要。能控制「好想一直玩」的衝動和渴望，並且接受父母所給予界線的男孩，才能更好的面對遊戲帶來的刺激感。

由上而下、權威式的規定，很容易激發男孩子反抗的情緒。為了在社群媒體、電動遊戲等，給予男孩良好的引導，父母要在平等和互信的基礎上，成為孩子有力的支持與陪伴。擔心是正常的，但父母應盡量用輕鬆的態度看待遊戲，甚至可以把它當成與兒子建立關係的管道——這就是孩子正感興趣的事，何不趁機了解、**讓彼此有共同話題**。

為了在親子關係上擁有發言權，並與孩子共同制定規則，父母不能只是在一旁焦慮、急著下評價與做出限制。你需要參與孩子的活動，了解他們玩的遊戲，為什麼孩子如此欲罷不能、這款遊戲的魔力是什麼？在過程中，或許你可以同理孩子為什麼這麼喜歡。

即使如此，訂下明確的規則仍是很大的挑戰。人們對於能不能用玩遊戲當作好表現的獎勵，一直存有疑慮。我也不太認同這種方式，因為很容易變成父母用來操縱兒子的手段，對兒子來說，也會更強化這個遊戲對他們的重要性。共同訂出規則，這必須基於父母和孩子兩方的期待，舉例來說，在完成作業的情況下，或是在運動時間結束、練習完鋼琴之後，可以安心玩遊戲。

針對像《要塞英雄》這類型的遊戲，硬性限制遊戲時間不太適用。在孩子獲勝之前，就強硬的關掉螢幕，也會讓孩子非常沮喪。

比較好的方法是，**允許孩子一個星期玩兩次**。孩子可以按自己的進度玩完兩輪，因為一輪可能就需要花上十多分鐘。（於此同時，孩子也要計算玩的時間）

連續好幾週，班尼的父母都會因為這款遊戲和他有衝突。班尼沒有辦法遵守父母訂下的規定，他覺得自己被限制、被束縛、被不公平的對待。只要他一玩遊戲，手機就會被沒收，因為他沒有辦法遵守父母的時間規範。

班尼批評父母，認為他們什麼都不懂，他們也根本不想了解他。在冷靜下來後，班尼的父母明白，他們需要花更多時間了解自己的孩子，而不是總是想快速、簡短的處理問題。對班尼來說，他也願意嘗試冷靜應對父母給的時間限制。當父母提醒他遊戲時間快到時，他可以先做三次深呼吸，而非馬上回擊。

父母自己先玩看看

他們冷靜了好幾天，班尼的父母決定玩玩看這個遊戲，馬上就明白為什麼他們的規定不管用。最後，他們共同訂出更有效的計畫方案：每個星期最多玩六個小時。而班尼每個星期最多可以玩兩次，假使時間銀行（按：指把時數存起來）還有餘額（沒有超過六個小時），他可以在週末時用完，即使已經玩了很久也沒關係。

假使父母願意在一開始就多了解遊戲，明白為什麼孩子喜歡玩，並且真正陪伴孩子，當我們給予男孩規範時，他們會更願意接受。

盡可能早一點讓孩子知道電玩遊戲的魅力，這是一個很好的開始。假使大人不排斥電動遊戲，在這樣的情況下，男孩面對規範的態度也會更積極，當他們願意建立起防線，這種興趣通常不會變成負面的癮頭。

過於頻繁、過度玩遊戲的界線往往很模糊，不過，藉由了解孩子在學校的狀態，可以略知一二。當電動遊戲影響到孩子的課業和生活，像是成績變差、對其他活動（體育、業餘愛好等）失去興趣，甚至不想去上學，這時候父母就必須嚴肅介入。如果孩子因為太想玩遊戲，整天只想獨自坐在電腦前，不肯出門、對吃喝也失去興趣，這是相當嚴重的情況。

如果家長沒辦法判斷嚴重性，請及時尋求專業人士的幫助，不論透過電話或線上諮詢都好。有些更嚴重的情況，孩子甚至需要到精神醫療機構緊急住院。

4 可以使用的時間：年齡除以十

對父母來說，要和孩子訂出電子產品的使用原則，過程中一定會有衝突。不過，這也是我們與孩子溝通和交流的機會，一起討論使用電子產品的想法、價值觀、應付的責任，並與之成長。

對男孩來說，有節制的使用電子產品，是非常重要的學習。人生充滿了各種抉擇，做出的任何評價和決策都需要界線，需要知道什麼最重要、什麼更有意義。

我鼓勵父母與孩子來場真誠的談話，父母可以提出對孩子的期待，孩子可以說出自己的想法，共同找出使用電子產品的範圍與界線。為了真正落實這個協議，規則必須明確、執行一定要到位。如果已經規定晚上八點必須關電腦，就不能有任何協商的餘地。到了八點零五分，電腦還沒有關機，隨之而來會有以下的後果：隔天電腦全部關機，即使學校有重要的報告需要上網，也不能通融（在緊急的情況下，如果因為這樣無法完成作業，孩子仍然需要寫一份道歉聲明）。父母與孩子訂定規則時，一定要說清楚後果，不建議只有簡單的做出反應，像是直接把電源線拔掉等，對男孩來說會是一種粗暴、攻擊性的行為。

學生時期，男孩子合理使用電子產品的時間應控制在什麼範圍內？作為孩子的父母，我的經驗是「**年齡除以十**」，十三歲的孩子可以使用一．三小時的電子產品，差不多是一個小時二十分鐘。

討論相關規定時，除了可以使用的時間，也必須請孩子告知社群媒體的帳號密碼。

這是顯而易見的衝突，許多家長會竭力避免。儘管他們已經看到社群媒體可能帶來的危險，也同意當今網路媒體經常傳遞錯誤價值觀，並影響家庭內部的和諧，但他們最後仍然選擇放棄，是因不知道該如何處理。

事實是，如果你不讓兒子在家裡看電視和打電動，他照樣會到朋友家裡做一樣的事。你堅持不買電動給兒子，他就會到朋友家裡玩，這是很正常的迴避行為。當孩子出現這種狀況，父母如果能用明確的態度引導兒子，會有很大的益處。

十六歲以前，不讓孩子睡前滑手機

為了能好好的休息和放鬆，睡眠對男孩子來說很重要。這是為什麼晚上不適合使用電子產品和打電動。令人憂心的是，網路媒體的誘惑實在太強大，直至孩子滿十六歲以前，**都不適合讓孩子在睡前把電子產品帶進臥室**。筆電、手機、遊戲機、電視等，都應該放在房間以外的地方。如果想聽音樂助眠，收音機、CD播放器都是很好的工具，單純的接受聽覺刺激，對睡眠的干擾比較小。

可以把使用電子產品，當成完成功課後的獎勵嗎？我的答案是不行。電子產品的資訊量大過孩子大腦能處理的容量，後果就是孩子沒辦法記住課本學到的東西。為了讓孩子學到的東西，能妥善的儲存、被記錄下來，**學習與遊戲之間至少要間隔兩個小時**。

寫完作業以後，到外面走走、稍微運動一下，聽聽音樂、和家人朋友聊聊天，這些活動絕對都比打電動更好！

5青少年每六人，就有一人被霸凌

社群媒體存在著不可忽視的危險，這個世代的孩子經常透過網路做一些他們平常不會做、也不會說的事。

舉例來說：「看，她真的好胖！」、「他也太可笑了吧！」他們快速敲打出這類具有貶低性與攻擊性的言語，輕易附上各種圖片和評論，發布到各社群平臺上。男孩子可以發起網路暴力，也很容易成為網路暴力的受暴者（例如：被威脅、貶低、霸凌）。

男孩可能因為擔心形象受損，在經歷這類事時，不太願意及時告訴身邊的人。父母必須了解孩子在網路世界中的活動：他們經歷了什麼？他們正在關注什麼？我也希望每個孩子都能讓父母了解自己的網路世界，在需要的時候，父母可以介入給予支持、關懷和幫助。別把父母想成祕密特工，每天二十四小時監視和分析可能導致孩子危險的蛛絲馬跡。

然而，**父母必須對孩子的網路世界感到興趣**，有空就到孩子位子附近晃一晃，如果孩子願意告訴你密碼，在互信的前提下，這當然更好。前谷歌（Google）執行長艾瑞克・施密特（Eric Schmidt）接受《時代雜誌》（*TIME*）採訪時，給出了這樣的建議：「孩子滿十八歲以前，父母都應該要有孩子社群媒體的帳號、密碼。關於這點沒什麼好商量，父母必須知道孩子在做什麼。」

我想強調的是，父母沒有必要、也不應該時時監控，但是一旦有反常的情況出現，父母的介入就非常重要。另外也是，男孩在知道父母有自己的帳號、密碼後，在網路上的發言也會比較謹慎。

這世代的年輕人喜歡透過社群媒體展露自我：告訴大家自己喜歡什麼、正在做什麼、上傳旅遊照片和自拍照、分享運動健身或下班日常。這些社交平臺不是虛擬的遊樂園，而是實際生活的一部分──如果父母小看這些平臺的影響力，很可能出現嚴重的問題。Instagram 已經成為網路霸凌的災難現場，充斥著各種批評、惡毒的話。根據研究，**六分之一的人表示自己「曾被惡意欺凌」**（女孩子的比例是十二分之一）。同時，三分之一的受害者表示自己再也無法相信任何人。社群媒體的影響之大，很多人、甚至因此選擇結束自己的生命。

大多數的霸凌從言語開始，接著慢慢擴展到其他形式。這些帶有惡意的攻擊行為，可能會在社群媒體上分享讓人尷尬的影片或照片，接著在下面評論：「好胖，趕快減肥吧！」、「妳看起來真隨便。」、「醜到不行。」隨著使用的人越來越多，這類霸凌、貶低性的互動也越來越猖獗。根據統計，幾乎每一個十歲到十五歲的青少年都曾經有被霸凌的感受。網路世界裡的霸凌行為，甚至比真實世界來的更有攻擊性。

因為，在社群媒體上霸凌的那群人，不受時間限制，一週七天、一天二十四小時，他們一發文或留言，網友就會蜂擁而至，這些幫凶再轉發到自己的社群平臺上，在短時間內情況更一發不可收拾。

此外，隔著電腦螢幕，施暴者沒辦法看見或感受到受暴者的痛苦，無法激發人性本能的同情心。受害者的反應，霸凌的人看不見、感受不到，於是這一切越演越烈，也變得越加殘酷。

取消訂閱、刪除帳號，都是辦法

對年輕人的父母來說，要好好面對這些風險和社群網路的副作用並不容易。粗暴的直接禁止，可能會讓男孩與同儕脫節，而霸凌也不是每一天都在發生，許多霸凌行為也可能隱藏得非常好。對於這些正在發生的事，身為父母，經常是一無所知。

但，**我們必須先接受：我們所愛的孩子，很可能同時是受暴的人，也是施暴的人。**

假使，男孩們可以取消追蹤、取消關注、刪除曾對他們說出惡意言論的人，光是這個舉動，就能帶來很大的幫助。**如果霸凌問題很嚴重，可以直接刪除自己的社群帳號，註冊新的帳號，重新開始。**孩子可能會擔心失去過去社群經營累積的一切，但壓力、衝突和焦慮會瞬間減少。

父母的責任是明確向孩子表達：你可以使用這些平臺，但同時也要對自己的言行負責，鼓勵孩子為正義發聲，做一個有良好影響力的人。不要說出負面、貶低性、傷害人的話，取消追蹤、忽視那些帶有攻擊意圖的用戶（帳號）。

我們也可以提醒孩子，主動且積極的支持比較弱勢或需要幫助的人，給予溫暖的鼓勵和幫助，這不僅很重要，也是無比光榮的一件事。

進入青春期的孩子，選擇和父母保持一定的距離，因為他們沒有辦法不想——自己的父母究竟會對這些問題出現什麼反應？會有什麼評論？對他們又會有什麼樣的評價？因此，當我們的孩子遇到麻煩時，我們通常不會是孩子考慮求助的第一人選。

對父母來說，可能也希望有一個更有影響力的人——像是精通社群媒體或相當幽默風趣的老師，當男孩遇到麻煩，這位老師若能及時拉他一把，他會是一個很好的顧問和諮詢者，在事情搞砸或充滿內疚時，他可以給予孩子需要的情緒價值，並提供值得信賴的建議。

6 電子產品到底能不能帶到學校？

很明顯的，電子產品會分散孩子的注意力，降低學習成效。

但是，當我們與孩子討論不能把電子產品帶到學校時，總會引起無休無止的爭論。智慧型手機給孩子一種舒服、放鬆的消磨時間的方式，還能讓他們時刻與好友聯繫。從某種程度上來說，電子產品也是一種身分的象徵。

這對男孩來說極具吸引力。另外，還有一個孩子很少會說出來的好處：有了手機，他們幾乎再也不會感到無聊，或是一定得做些什麼事。這帶來另外一個負面的結果，就是他們沒有時間搞清楚自己真正想要什麼。

對父母來說，沒辦法透過手機聯絡到在外面的孩子，這確實令人不安。不過所有男性都不喜歡一個拴著他們的隱形繩子，兒子更不需要父母隨時關注他們。或許，身為父母的人要試著了解，讓兒子自己在路上消磨一些時光，未嘗不是件好事。特別對於青春期之前、步入青春期的男孩更為重要。

爸媽要接受兒子日益渴望自由，他們會為了難得的自由歡欣鼓舞，迫不及待和朋友們聊天，甚至不見得想窩在電腦桌前。遇到緊急狀況或需要聯繫父母時，他們也可以自己想辦法處理。

明智的父母會給孩子承擔責任的機會。校方和老師也應該對電子設備的使用，設立明確的規範。由於電子設備的干擾可能會降低學生的學習成效。因此我認為，如果違規使用電子產品，這些設備應該要被沒收，等到下課或週末才能歸還。

然而，我們也不能否認電子產品的重要性，靈活一點的方式也是必要的。有些學校會安排特別的一天，讓孩子帶自己的寵物到學校，我們可以參考這樣的方式，在寒暑假前一日允許孩子帶電子產品或電玩遊戲，三到五人一組，一起享受遊戲時光。每個學生都可以輪流介紹自己攜帶的電子產品，並完好無缺的將這些東西帶回家。

第6章

不要怕對孩子說「不行」

1作為兒子生命中的第一個女人

青春期是一場危機四伏、瘋狂無比的大冒險，無論男女，無人能倖免。**最早從九歲到十歲左右，就能看見青春期早期的跡象**，一直到二十三歲、二十五歲才會真正告一段落。孩子在青春期的變化以及可能出現的危機，會影響整個家庭的各方面，此時，父母通常搞不清楚自己的角色和定位。當然，父母也會想起自己年少輕狂的時候，但他們卻往往身不由己的站到與孩子對立的那一面。

有些時候，由於性別和工作的緣故，父親通常和兒子較疏離，面對青春期的兒子，回應往往顯得粗心大意。但是，如果正處在青春期的兒子感受不到父親的存在或影響力，往後可能會引發嚴重的問題，這也許正是青春期的男孩特別讓人頭痛的原因。父親是兒子的榜樣，一言一行、所思所想，兒子都看在眼裡。如果父親能常常陪伴孩子，對孩子的成長，特別是青春期的階段，都有非常大的幫助。

用充滿愛的明確態度回應兒子，穩定的給予回饋和支持，對青春期的男孩很重要。當然，如果你無法忍受孩子的行為，一定要告訴他；當孩子表現得很好時，也要毫不吝嗇的讚美。

有些時候，媽媽會傾向犧牲自我，但是作為兒子「生命中的第一個女人」，**來自母親的要求、鼓勵與限制，對兒子來說意義重大**。對於比較焦慮的媽媽，她們頭腦第一個出現的畫面，往往是孩子搞砸某些事的災難性場景，以至於她們忽略了男孩的優點和潛力。如果媽媽能解決焦慮的問題，不讓自己忘掉兒子的優點，**正向的態度會使兒子更加強大**。每個兒子，都需要母親看見並認可自己的能力。

避免用貶低詞表達你的失望或難過

身為青春期孩子的父母，一定會有對孩子感到失望的時候。此時，具體表達自己的失望和原因，情況一定會好轉。尤其要**避免用貶低詞來表達自己的失望和難過**，例如：「你就是一點用也沒有」、「你真的讓人很討厭」。憤怒、氣餒，這些都是與青春期男孩共處必定會有的情緒，就算再怎麼失望和憤怒，也不要感情用事，因為這只會把孩子越推越遠。

隨著青春期的變化，這些可愛的小男孩會慢慢脫離父母的保護網。變成青少年的他們，開始有自己的行程和安排，有空檔時也不再需要父母的陪伴。他們和父母在一起的時間越來越少，連以前例行的家庭活動，例如：度假、節慶、拜訪親戚，這些青少年也變得興致缺缺、能躲就躲。

即使在日常生活中，他們還是常常和父母共處一個空間——但請記得，不要把如此短暫的時光塞滿喋喋不休的批評、耗費雙方心神的建議與指正。你的孩子已經是青少年，他需要能好好放鬆、簡簡單單與父母在一起、共同享受悠閒時光的空間。否則，他們只會離你越來越遠。

青春期是男孩自我意識強烈爆發的階段，他們會開始想著自己能擁有和理當獲得的權利，有時甚至會得寸進尺。在課業和空檔的時間管理上，這種轉變特別明顯。

在某些情況下，他們會做一些完全違背父母意願的事，此時爸媽能否尊重孩子？這是真正的挑戰時刻。男孩子之所以做出這些決定，背後往往隱含一個很重要的議題，他們正在感受：「我可以做自己嗎？」如果政府高官的孩子，不想走政治這條路，而是想成為手工藝學徒，他會被允許嗎？對父母來說，這是很大的挑戰，但如果孩子很確定要走這條路，父母就必須學習欣然接受。

2學校對他們來說，無趣的可憐

青春期的男孩是非常特別的存在。他們和成年人有根本上的差異，也比女孩更衝動、更容易受同儕影響。他們行事放蕩不羈且充滿危險，抽菸、酗酒、吸毒等狂放行為，往往接連引發各種魯莽行徑，並且帶來較高的健康風險。

他們喜歡逞強、胡亂說話，也想挑戰規定和界線，有時甚至會出現暴力行為、三天兩頭就闖禍。當然，他們也喜歡把房間鎖起來，自己一個人躲在裡面。在這個神聖的空間裡，父母是不被允許進入的。

為什麼青春期的男孩會有這樣的變化？因為，男生的大腦在這個階段會發生根本性的改變。掌管認知、邏輯與理性的前額葉（也是管理道德情感的地方）還未發展成熟，因此他們無法正確的評估自己的行為。

研究顯示，當男孩與同儕在一起時，他們從事冒險行為的風險會加倍，接著大腦就會做出反應，促使這些可憐的孩子做出違反規範、充滿危險的舉動。青春期的賀爾蒙，再加上一群同樣缺乏判斷力的同儕，讓這些男孩彷彿站在懸崖邊，急需父母與其他關愛他們的人，伸手拉自己一把。

雖然同儕對青春期男孩的影響很大，但是，家長也不能把所有責任都歸咎於同儕，兩手一攤什麼也不打算做。我們的孩子會選擇什麼樣的朋友、加入什麼樣的團體，大都取決於父母與孩子的相處模式、依戀關係。

在童年期，能獲得明確價值觀與良好支持的孩子，在青春期的階段會相對穩定。此時，大腦的獎賞中樞多巴胺（dopamine）受體數量快速增加，會讓他們對各種事物都充滿好奇，並熱衷於追求新體驗、新刺激，因此更容易出現叛逆和冒險的行為。這也是為什麼許多年輕人熱愛冒險、行事魯莽又毫無忌憚。

此原則也適用於青春期的女孩子。但是，男孩就是比女孩更喜歡冒險，也更容易出現暴力行為（甚至是犯罪）。睪固酮的分泌是原因之一，影響最大的是社會因素。**男孩喜歡三五成群、喜歡找到特定團體的歸屬感；對女孩來說，一對一的關係更重要。**同時，男性氣質也有影響，研究指出，男人在聽到收音機播放與男子氣概有關的歌詞時，這些年輕的男性更容易危險駕駛。

在女孩身上，這種同儕的影響就比較小，而且女孩子的自制力通常比較強。社會規範和過往的觀念，讓女孩子的行為更內斂，當然，這也有不利的影響——女孩子比較放不開，由於缺乏嘗試各種事物的經驗，對自己比較沒有信心。好處在於，女孩子比較少受傷，通常會活得更健康，也較少傷害自己或身邊的人，並因此獲得比男性更多的機會。

同儕能幫助他掌握自我

對青春期的男孩來說，與同儕相處是往後人生發展的重要一環。同儕之間的地位平等，大家在一起時無須父母或老師的監督，就像一場沒有大人的狂歡派對。值得留意的是，當男孩被放入群體中，很快就能看出這群孩子的能力差異，真正的領導者也會從中脫穎而出。

此時，「引導」的力量再次重現江湖，不同的是，男孩從中感受到的引導與成年人的方式完全不同。同儕的帶領、引導，對男孩來說是一種強大的自我掌控感，也是他們邁入成人世界的重要一步。

長得比較高，或外表比較早熟的男生，經常被賦予過多的信任，往往讓他們不堪負荷。相比之下，比較矮小、弱不禁風、身體孱弱的男生壓力就比較小。在這種情況下，父母可以與孩子站在同一陣線，提醒他們不要太在意別人說什麼，他們還只是個孩子。

冒險與挑戰的界線

男生從童年時期就展現與女生不同的傾向，尤其偏愛冒險的行為，對他們來說，挑戰危險也是成長過程中的重要課題。多數孩子在成為青少年後，都喜歡探索、試探社會與身體的界線，並試圖跨越它們，男孩特別愛這麼做。

這種喜愛冒險的傾向，自青春期開始越來越明顯，男生更常直接付諸行動。從安全事故、犯罪或吸毒的統計資料中，也顯示男性的風險比較高。

從孩子的童年時期便可觀察到，當他們克服一些小危險時，常常會因此感到自傲，並陶醉於自我價值之中。進入青春期後，這種感受仍然很強烈，這些不帶負面後果的危險嘗試與風險，會為男生帶來全身心的愉悅，使他們不斷重覆這些行為，累積更多的體驗。

大腦會發出信號，促使男孩繼續挑戰各種風險行為，而多巴胺也持續發揮作用。相較於成年人的大腦有大量與多巴胺相應的受體，青少年的多巴胺受體數量較少，也比較沒那麼敏感。青春期的多巴胺受體敏感性較低，**許多在成年人眼中看來很有趣的事，對青少年來說反而很無趣**，也因此他們需要不斷體驗更新、更多的刺激。

在睪固酮作用下，我們的兒子期待新的體驗和變化。青春期的階段裡，他們喜歡嘗試，不害怕各種風險，因為他們的生活實在太平靜了，**尤其是在學校——根本是無趣的可憐！**

此外，青少年在生理上的衝動，也與他們渴望成為真正的男性有關，現實中的男性氣質多半比較傳統。他們會在同儕、媒體塑造的形象中，尋找自己的身分認同，而之所以著迷於電腦遊戲或電動，也是因為具有攻擊性、帶有強烈男性氣質的氛圍，特別吸引這些階段的孩子。

喜歡冒險、行事衝動的男生，這些行為背後其實具有重要的社會意義。躍躍欲試的渴望，能幫助男孩學會如何處理危機和累積生活經驗，並順利成為成熟、能解決問題的大人。不害怕危險、渴望嘗試新鮮事物，這些都是讓他們對多巴胺的情境（現實中的危險行為、虛擬網路世界、電動遊戲、帶有攻擊意涵的音樂）趨之若鶩的原因。

3 與其保護，不如鼓勵他冒險

還有一個很嚴重的問題是，男生經常渴望冒險與大膽嘗試，但他們抑制衝動的能力卻很弱。再加上，由於青春期的大腦尚未完全發展，使青少年無法理性判斷自己的行為，同儕的影響則加劇了可能面臨的危險。這代表，如果要做出正確判斷，青少年勢必要參考成年人的決策，而這當然會引發衝突（標準的青春期叛逆）。

哪些事可以做、不可以做，這些對童年期的男孩不會是問題，他們可以尊重這些界線；但步入青春期之後，情況截然不同。儘管這些男孩還是相當依賴大人的意見和經驗，但他們同時也想甩開這種依賴，開闢屬於自己的道路。

此時，父母就必須用明確的指令，帶領他們走出這個充滿矛盾的時期。

當父母看到前方的風險，一般會出現兩種反應：第一，反射性保護自己的孩子，消除、減輕、緩解危險。第二，禁止孩子做出冒險的舉動。這兩種反應對童年期的孩子都具有一定的意義，蹣跚學步時必須避開尖銳的家具、禁止他們抓握灼熱的爐具。隨著孩子理性思維能力的增加，許多教育觀點都強調，必須讓孩子自己觀察並決定應該怎麼做、不該怎麼做。

進入青春期後，明確的禁止往往變成一種挑釁，讓原本的事物變得更具誘惑力。大人越禁止，男孩越想嘗試。因此，父母的榜樣就成了男孩決定該怎麼做的關鍵。對於正在發展自我意識的兒子來說，大人的禁止常被解讀成居高臨下，隨著他們活動範圍的增加，父母越來越沒辦法控制孩子，「禁止」的效果也會越來越弱。

父母可以明確的表達自己的擔心和懷疑，也應該讓孩子知道，在青春期階段，男孩應體會父母的恐懼和不安。然而，這個階段的青少年尚未建立社會規範和法律意識，往往也會質疑現有的社會規範與價值觀，因此單靠成年人的理性引導已不再管用。父母面臨的挑戰，是必須漸漸接受他們的方法（過度保護、直接禁止、嚴厲警告）已不再奏效。如果這些方法已經過時，孩子就必須靠自己提高對抗風險和危險的能力。

抵抗風險的能力，是指青少年應對刺激和危險的能力、能不能抵抗刺激，避免對自己或他人造成不利的後果。舉例來說，火很危險，多數人不見得會嚴厲禁止男孩玩火，而是透過體驗、知道「火很燙」，讓他們學會判斷風險——面對類似的危險與誘惑，即便父母不在身邊，也不會讓自己受傷。

抵抗風險的能力，不等於消除身邊所有的風險。但這個能力很重要，對活蹦亂跳的兒子來說將一輩子受益。在無法承受太大風險的兒童時期和青春期早期，父母的態度和教導便格外重要。

抵抗風險的能力，就是在危險時找到保護自己的平衡。風險越高，所需要的保護力道就越強，在習得自我保護的過程中，父親的榜樣尤為重要，必須告訴男孩，應該如何自我保護（例如：騎自行車或滑雪要戴好安全帽）。

然而，好的榜樣還不足以提高孩子對抗風險的能力，青少年不會在喝伏特加前先閱讀與飲酒有關的統計資料，也沒有人會在放縱狂歡前，先分析成本效益。

抵抗風險的能力，還需要從其他方面進一步加強。

這些行為通常不受意識控制，而是與程序記憶（Procedural Memory）有關；一般會儲存在大腦的特定位置，無須思考就會自動啟動，我們稱之為「非認知學習」（與知識性學習相反），像是語言、社交行為、牽涉冒險行為的技能、電玩遊戲的訓練等，都是在潛意識中逐漸被訓練和掌握的，也因此男孩在童年與青少年期的冒險行為，多少能幫助他們學會如何評估風險。

會冒險，才懂得迴避風險

如果一味禁止男孩的冒險行為，對他們一點幫助也沒有。遺憾的是，孩子多數時間都在學校，但教育是為了認知學習而設計，目的是減少風險，因此像是打雪仗、攀岩等項目，經常會被列為危險項目而被禁止。

然而，**如果我們希望自己的孩子懂得迴避風險，必須先鼓勵他們冒險**。從蹣跚學步的時刻，到使用操場上的運動器材，甚至是爬樹、跳傘、參與極限運動等，都是很好的途徑。

除此之外，為了充分了解當下行為可能帶來的危險，男孩還需要對風險行為保持敏銳。在孩子的冒險行為中，需要大人的陪伴和支持，給他們安全感和方向感。因此，一個具有權威性的帶領者，對男孩來說非常重要。

童年早期，小男孩會從明確的「不」當中學會危險的意義，像是過馬路時要小心車輛。**父母的愛、穩定的陪伴與支持，能幫助男孩抵禦渴望冒險的誘惑。**

無論父母的成就如何，與兒子建立溫暖、親密、充滿讚美的關係，再加上對自己生活的熱情和對兒子的驕傲，都能幫助男孩建立良好的自我感受。

再來，兒子仍然需要清楚的規範與規則，因此必要時應由爸媽親自帶著他實踐，幫助孩子發展出更好的抗風險能力。一開始，可以由爸媽帶領，隨著孩子的經驗累積，他們會逐漸學會自行評估風險並做出適當的應對。

最後，我想說的是，「信任」是決定男孩行為風險的因素。父母與孩子共同相處的記憶，像是一起玩耍、運動、從事課業外活動、允許孩子自己出門等，在這些經驗中，男孩認同父親是可靠的對象，也願意信任父親。如果，我們從來不准孩子獨自出門或玩耍，孩子便很難信任我們。我們能否信任孩子，相信他們能為自己做出好的決策？在青少年時期，孩子的風險管理能力，與父母的態度息息相關。

4 沒有衝突，比衝突更嚴重

青春期的身體發育，讓男孩再次對社會中的性別角色產生興趣。小時候，爸媽會替他們理平頭、穿上男性化的衣服，不過隨著年齡增長，這已無法滿足他們的需求。雖然他們知道自己是男生，但還是不太了解自己，也不確定身旁的人的看法。因此，男性氣質的展現，對青春期的男孩來說，變得比以往更重要。

為了更適應這個社會，青春期男孩必須學會如何「表現得像個男人」。在社群媒體的影響之下，男孩可能會變得驕傲、狂妄、好勝、愛貶低別人，或是拚命透過成績取得社會地位、急於展現自己的能力。這些行為往往受到傳統男性形象的影響，像是要擁有良好聲譽、展現男人的優越感，或是模仿各種英雄事蹟和偉人故事等。

青春期階段，男孩的心理發展進入決定性的階段，他們即將成為青少年，他們必須脫離父母的依賴，成為獨立的男性。這是非常艱鉅的挑戰，需要耗上大量能量才能完成。這些小男生會開始將成年男性的各種氣質套在自己身上，有些適合他們、有些則不太適合。為了迎接即將成長的男性身體，他們開始積極準備並準備即將而來的變化。

此時，能否進入一段美好的愛情關係，也與男生能否與他人發展親密關係息息相關。孩子會選擇他們要的生活方式，在不同的文化中試圖找到自己的歸屬，並做出適當的評價和判斷。他們必須知道自己能做什麼，以及未來的職業與生活方式。

男孩在童年時期會經歷快速成長，進入青春期後，快速成長的不只是他們的身體，除了滿滿的力氣與活力之外，還伴隨著感受、性渴望與攻擊性的增強。對青春期的孩子來說，這一切實在是不堪負荷，因此，才會有人說「沒有危機就不能稱作青春期」。男孩正在逐步變成男人，他們必須了解自己的心理狀態，並將這些變化整合成更成熟的自我形象。

由於和理性、社會適應、自知之明、道德判斷有關的大腦區域尚未發育完全，一般來說，青春期的孩子對自我充滿不確定性，你幾乎可以說，他們會質疑身旁的每件事。這是發展自我認同的第二次機會，例如：我是誰？我是什麼樣的人？我是什麼樣的男人？以前我的男性氣質是什麼模樣，以後又會變成什麼樣子？這些問題並沒有標準答案，因為每位男性都是獨特的。

儘管步履維艱，男孩最終仍會成為獨立自主、自由奔放的青少年，進入一段戀愛關係並獲得情感支撐。而父母依舊在他們旁邊，隨時為他們存在。

青春期的青少年需要被父母認可，他們很討厭自己被當成小孩子（不管他們實際上是否幼稚、表現不成熟），也很討厭不被尊重，為了探索男性氣質，他們難免會越界。此時，具有帶領特質的父母必須幫助青少年調整行為，提供他們必要的資訊，並持續給予具有價值和深度的回饋。

此外，促進社會變革，也是青少年男孩的一項社會功能。衝突並非全然無益，反而能帶動改變與創新。在家庭中，這種衝突往往體現在雞毛蒜皮的小事上，除了與老一輩的衝突，更多是在人與人之間的關係。越是迴避這種衝突、害怕家人之間的爭執，例如舊世代與新世代的衝突，就越有可能從家庭轉戰到公開場合。我們會發現，這種情況越來越明顯，男孩喜歡在學校興風作浪，打破規定、對抗上一代的人，這些反抗的人多半有很明顯的男性氣質，也更容易受到女孩的支持或崇拜。

我不建議家長和老師迴避這種衝突，而是接受他們的反抗、傾聽不同的意見。**比起衝突，更嚴重的問題是沒有衝突。**我們不希望自己的兒子成為缺乏能量、創新能力，只會被外界左右的橡皮人，或是害怕提出自己想法的弱者。如此一來，對社會發展毫無益處。

5 明確的說「不行」

青春期，不只是男孩會被折磨的焦頭爛額，對父母來說也相當辛苦。爸媽的情感上會遭受很大衝擊，過往與父母未解決的議題都將捲土重來。

巴斯蒂打算籌劃一場聚會。當然，他希望父母能支持他，他的爸爸也這麼做了：給他明確的建議。然而，巴斯蒂清楚表示，他並不希望爸爸參與其中。巴斯蒂的爸爸非常沮喪，爾後才發現自己犯了一個錯誤，因為孩子接收到的訊息是：你沒有辦法自己完成這件事，你需要我的指導，少了我，你肯定會犯下不少錯誤。

隨著孩子進入青春期，對父母來說，意味著與孩子相處時間變少，也幾乎很難從兒子口中打探到什麼消息（情況和以前完全相反）。父母會覺得被拒絕、感覺孩子不再那麼愛自己，甚至不再需要自己了。這著實令父母傷心，也讓父母頓時失去存在感，彷彿原本的影響力和功能一下子都消失了。

這是父母需要面對的課題，他們必須經歷角色的轉變。過往，父母在孩子眼中是絕對的權威，所制定的規則也無須爭論。但現在不同了，孩子會質疑父母的決定，認為這些做法過於傳統、過時，甚至覺得父母的生活與潮流背道而馳，守舊又無趣。

在這個階段，父母會感到相當不適，但最好的應對方法是努力調整自己的角色與定位，用更正面的態度接受這些變化。如果父母能做到，就能用更好的模式與兒子相處，也會有所成長。

青春期的兒子與父親，共同演出一部特別的電影。在這部電影裡，你很難看到兒子認同父親，不論父親做什麼，對兒子來說都是可被拋棄的，連男性化特質都被丟到一邊，爸爸徹底成了反面教材（「我才不要和爸爸一樣」）。兒子會積極與父親的劃清界線，父親也一定會感到痛苦，但這是他與兒子發展健康關係的環節之一，男孩從小就不斷朝著父親的形象成長，如果爸爸的帶領很成功，兒子能在青春期階段順利蛻變，往後就能成為具有帶領能力且健全的成年人。

父親也可以找到一絲安慰，隨著兒子長大成人，勢必會在他的身上看到自己的影子。

反之，如果在這個階段未能成功蛻變，也沒有其他方法能促進這方面的成長，男孩可能會在發展個人領導力上遇到問題。當孩子還小的時候，父親代表充滿力量且無所不能；但到了青春期，孩子對父親的看法會發生劇變，甚至會被孩子視為負面教材。男孩需要在這兩個階段中找到平衡，才能成為一個健康的男人。

如果在童年時期，孩子對於被帶領、被領導有負面的經驗，長大後，很可能會無意識傾向父親的風格，或是容易受權威行為的影響，並且難以培育出個人的領導力。

每個男孩都喜歡慷慨的父母，慷慨的滿足孩子的願望，父母也會因此感到幸福。然而，不滿足孩子的願望，對男孩的發展同樣重要。對父母來說，要對孩子說「不行」並不容易，因為他們擔心孩子的反應，可能是衝突，也可能是沮喪失望。這樣的衝突不可避免，父母必須接受這樣的反應，孩子必須學習面對失望的情緒，並在這段關係中建立另外一種安全感——**即使父母拒絕我的願望，我還是被父母**

所愛；爸媽沒有答應我的要求，不代表他們不愛我。

對許多父母來說，有限的時間與精力也是原因之一。每天有這麼多事情要處理，我們不見得能回應孩子的每個需要，即使當下很內疚，我們還是得拒絕他們。

但是，與購買有關的願望又是另外一回事了。很多男孩子有一大堆玩具和電子產品，有些甚至不符合年紀，父母必須明白，**明確的拒絕，對他們的成長有極大的助益。**

明確的說「不行」，另一方面就是告訴自己「可以」，兩者密切相關。只有允許自己說「不」、說「不行」的人，才能打從心底對自己說「好」、「可以」。

身為父母的我們，可以花一點時間思考：在哪些事情上，我們特別願意表現慷慨？當我們對孩子慷慨時，在某些情況下，是否與內疚感或童年經歷有關？請記住，當我們拒絕孩子的要求時，並不是出於嚴厲或脫口而出。相反的，這樣的拒絕是發自內心、充滿愛意的回應：有些東西對你不好，也可能這些東西對我不好，我並不希望這些不好的事情影響我們。

很顯然的，要男性接受這樣的回應很困難，即便我們帶著愛意拒絕某些事，也會讓他們感到受傷、失望。這是父母需要忍受，孩子需要克服和成長的。

對正在成長的男孩來說，我們的拒絕會激發他們內在反抗的心志，讓他們在未來成為有自知之明的成年人。**如果在成長的過程中，男孩接收到的總是「好」、「可以」，他們將永遠走不出舒適圈、永遠缺乏解決問題的動力。**

因此，**不要擔心對孩子說「不可以」**。男孩子特別需要這種經驗，他們會習得社會化所需的能力，明白維護他人權利、清楚自己的立場的重要性，以及做哪些事會麻煩或傷害到別人。透過模仿父母，我們的孩子也會學到怎麼拒絕別人，當他們這麼做時，理當得到尊重且被接受。

6有衝突的教養才正常

衝突無可避免，有爭論、有爭吵的童年才正常。當然，青春期階段更是如此。父母的領導力危機不只出現在孩子頂撞自己時，當父母想要逃避或者根本不願負責時，領導力勢必面臨極大挑戰。

成為好的帶領者，本身就是一場挑戰。它意味著，親子關係的改變迫在眉睫，孩子即將邁向成熟與進步，有些東西勢必要改變。沒有危機就沒辦法迎接關鍵性的發展，因此，每一次的危機，都是邁向更美好未來的轉機。

伊莉莎白憤怒且無助，她完全沒辦法理解自己的兒子。她描述了一個場景：約拿從足球訓練場回來，把他的東西隨意的扔在角落，朝母親喊道：「幫我準備吃的！」接著就消失在浴室裡。

對我來說，伊莉莎白的兒子正迫切需要旁人明確的帶領與要求，他需要明確的指令，伊莉莎白必須正視和糾正約拿的行為！

一般來說，男孩與權威的鬥爭發生在青春期，而且總是有一些典型的衝突，會藉由彼此的關係呈現出來，進一步協商與做出改變。

一個十三歲的男孩，在上學的日子裡，超過晚上十一點還要出門，這很顯然超出了安全界線。對於這種無理的要求，你可以回答：「不行，現在太晚了。上學的日子，晚上九點過後就不能出門。」你也可以向他解釋：「我不可能答應你的要求，你需要充足的睡眠。」

對於這類幾乎會發生在每個家庭的爭論，父母可以提前做好準備，花一些時間想想能怎麼回答。有些時候，衝突是自然而然發生的，往往讓你措手不及。接受這一點非常重要，因為**你可能需要一些時間反應，比起立刻做出決定，晚一點做決定反而更好**。然而，在青少年階段，好的帶領不代表非得堅持自己的立場，讓自己顯得高高在上。在發生危機時，以維繫關係為目標，和兒子展開一場共同的對話，這樣的效果更好。

隨著年齡增長，男孩會變成一個認真的對手，他有能力且勢在必得。這也是為什麼父母要把握童年和青春期早期，為孩子建立良好規範的原因。孩子年紀越大，越想要自由。如果父母不事先準備，或者只有廣泛、模糊的帶領方向，與孩子之間的協商很快就會變成永無止境的賴皮、胡鬧與爭論。

許多衝突圍繞著自由、該如何為自己承擔責任等議題。隨著男孩年齡的增長與成熟，這兩種衝突都會變得越來越嚴重。不論在哪個年齡階段的男孩，都適用於以下建議：父母有帶領的權力與責任，由父母制定一套基本原則，與男孩達成協議，如果男孩不遵守協議或不負責任，他的自由就會受到限制。任何一個男孩都能明白這個道理。

為什麼下達明確指令這麼難？

在孩子不遵守承諾（沒有按照訂定的時間學習與完成作業）的情況下，以不給零用錢的方式處罰孩子，效果非常有限、也沒有太大的意義，**減少外出時間或**

是縮減使用電腦的時間，這樣的方法更好，還能讓他們有時間寫作業。

引導孩子長大的過程中，父母的不安全感和不確定性，不僅會讓男孩覺得難以遵循，也會消耗父母大量的能量。從長遠來看，父母放棄引導的責任，或為了迴避爭執、讓日子舒服一點而採取模稜兩可的態度，都會帶來不好的影響。

對兒子來說，為了要面對這種情況或是讓自己好過一些，他們會挑戰母親或父親，話帶挑釁提醒大人未盡到的責任，或是尖銳指出父母的錯誤。男孩甚至會明確指出，作為大人的父母正在放棄領導力，因而讓他們感到失望和不知所措。接著，父母會感受到，他們必須做出反應，努力維護自己的立場。換句話說，當男孩得不到適當的帶領，會用自己的方式來適應環境。

當男孩更了解自己、更清楚定位時，將無法再認真面對他們的父母，對於他們所說的話，也會用無所謂的態度來面對。換句話說，含糊不清的帶領方式，會讓男孩覺得難以預測、不知該怎麼做才好：什麼時候會越界、什麼時候父母會覺得受到挑戰、什麼時候自己能得到認可；在什麼樣的情況下，爸媽才會出面帶領他們。又或者是，什麼時候父母會感到無助、什麼時候父母會變得僵化與獨裁。

在這種迷霧般的關係中，男孩感受不到義務與責任，也難以信任父母。年紀再小一點的男孩也很討厭這種含糊不清的帶領方式，這往往會讓他們在青春期提前叛逆提，變得蠻橫或無視於外界的規範和秩序。

為什麼現在的父母會變得這麼不明確？原因有很多面向，包括社會因素與個人因素。

社會因素

過往權威式的教育，讓有領導力的父母、明確領導孩子這件事變得聲名狼藉，甚至被批評為獨裁。

如今，很少人真正知道什麼是好的引導、怎麼做才算是好的引導、為什麼好的引導這麼重要。

個人因素

在不明確的教育中，個體化因素也具有重要作用（按：指父母自身的成長經歷，會直接影響他們如何帶領孩子）。對於父母來說，這有著特別的意義，因為改變個人要比社會容易得多。

1. 恐懼與焦慮

有些父母擔心被孩子當成壞父母，從而衍生出一種焦慮：擔心養出問題兒童。處在完美主義高壓下的父母通常會很謹慎，很難安穩、自在。還有一些父母擔心犯錯，因而在教育孩子時搖擺不定、猶豫不決：「我對兒子是不是太嚴厲了？好吧，我以後應該寬容一點，一切會好起來的！」這樣的母親教出的孩子，沒有被要求、被挑戰的經歷，他們會變得無欲無求、驕傲自滿（按：這裡指習慣父母的遷就，沒有經歷過真正的挫折），這些問題通常會在很久以後才慢慢顯現。

許多父母在生活中感到壓力重重，僅是應付日常生活就筋疲力盡。與男孩有關的規範、衝突或爭執等，往往需要耗費額外時間和精力，對父母來說已是不堪負荷，導致很多父母下意識迴避這種（必要的）爭論。也因此，許多父母放棄了自己的價值觀和立場，把領導權拱手交給男孩，這當然不會有太好的結果。

男孩（女孩也是如此）需要父母作為他們的帶領者，**對父母來說，帶領孩子就是每一天最重要的事情**。值得一提的是，如果父母能意識到領導的重要性，用全新的態度面對每一天的親子關係，即可大幅減輕日常生活負擔。

在追求物質享受的社會中，有些父母害怕比不上別人，像是擔心別人家孩子有的東西、自己的孩子沒有，因此讓男孩收到許多與年齡不相符的禮物。**父母的恐懼和焦慮，對領導與被領導的關係百害而無一利**。一旦男孩得到至高的權力，他們可以讓父母焦慮、憂慮和恐懼，可以毫不在意父母的名聲，可以隨便踐踏父母的底線。最後，父母等於親手把孩子養成了情緒勒索者。

2. 內疚或羞恥感

許多父母會為了陪伴時間太少，而感到難受與不安。作為補償，他們會不計後果的避免與孩子發生衝突，盡量滿足孩子的消費欲望或追求自由的渴望。如果兒子不滿意，父母會很快感到抱歉與內疚。

然而，真正有自信的父母，很少會對自己的帶領方式感到羞愧。即使受到外部影響或其他觀點左右，依然能堅持自己的原則，成為很好的榜樣。

3. 父母混亂的內在狀態

與兒子建立明確的關係，最主要的障礙，在於父母無法認同自己是家庭的領導者。

在專制（獨裁）的體制中，受害者的經歷往往會妨礙成年人發揮領導力（按：指在專制體制下成長或受害的人，可能會因此難以發揮領導力）。此外，一些過於理想化的教育理念，例如堅持完全民主或過度依賴召開家庭會議等，有時也會適得其反。

父親或母親內心的空虛亦會削弱他們的領導力。**父母帶領孩子是不可推卸的責任，無論在任何情況下都不應放棄。**當父母缺乏安全感、缺乏自信或因自尊問題而感到內心空虛，無法承擔起領導責任時，他們便會需要向外尋求支持來填補這份空洞。然而，兒子無法幫助父母解決這些根本問題，也無法替父母填補那份內在的空虛。

在這種情況下，為了兒子的成長，父母應積極尋求外界的協助。如果父母能妥善照顧自己，孩子就會從中獲益。他們將如釋重負，不再需要替父母承擔成年人的幸福；同時，孩子也能擁有足夠的空間來滿足自身需求，促進個人成長。此外，孩子也會從父母的行為中，學習如何為自己負責。

7 下達指令的四種組合

無論父母是已婚或離異，無論是共同撫養還是單獨撫養，每個孩子都需要來自父母明確的指引和指令。在理想狀況下，父母可以互補，共同採取一套教養模式，為孩子提供溫暖、親密且清晰的陪伴。

父母之間的性別差異可能會導致教養孩子上的投入不均，通常是母親承擔過多，而父親較少。這與傳統性別形象有關，然而，恰到好處的性別分工能促進男孩的發展，讓孩子享有更幸福的生活。因此，對於男孩而言，父母的角色和分工最好不要過於刻板與僵化。

每一段關係的相處模式各不相同，而男性與女性的帶領方式也會產生不同的影響。面對關係中的挑戰、問題以及可能觸發的事件，都因帶領者的性別而有所差異。在模糊不清或處於危機的關係中，影響尤其顯著。

另一方面，男性通常會將父親視作男人的榜樣，而母親則是理想女性的典範，這具有重要的象徵意義。此外，父母也會將各自的性別特質帶入互動中，一般可分為四種組合：女人與男孩、男孩與女人、男人與男孩，以及男孩與男人。

女人與男孩

從某些角度而言，**母親與男孩之間的相處較為容易**。在童年早期，男孩會對母親產生強烈的共情與依戀，將母親視作愛的象徵，甚至幻想娶媽媽回家。這種內心的悸動常會在引導互動中被激發出來。男孩渴望取悅母親，希望得到母親的喜愛，並因此願意完成各項任務，往往表現得十分乖巧懂事。

對於成熟的母親而言，她們也會欣賞這樣的兒子，甚至產生如騎士般的崇拜感情，這種互動模式使母親更容易帶領並指導自己的兒子。

然而，與此同時，女性的引導仍存在一定局限，尤其對男孩而言。傳統觀念要求女性必須可愛、內斂且善良；她們被期待成為和平使者，具有母性、會照顧他人，同時還要保持天真與略帶無助的形象，以及良好的外貌。儘管每位女性各有不同，即使她們選擇不展現典型的女性特質，傳統期待依然壓在她們肩上，影響其引導能力。對成年人而言，成為一位明確、堅定且具有領導特質的母親，可能會與內在的女性形象產生衝擊。

此外，在傳統觀念中，母親原生家庭往往認為帶領角色屬於男性（父親）。父親通常被視為外部社會的代表，象徵著社會意義和價值，並且在家庭中擁有較多的權力，這種普遍認知使得女性承擔領導角色變得更加困難。

最後，領導者的社交形象，也帶有明顯的性別色彩。我們常將領導者想像成男性，形象高大、聲音有力、舉止瀟脫且氣宇軒昂。當一位女性以明確、堅定的語言與行動展現領導力，如果過於直接，便容易被認為不夠女性化。也就是說，領導者的社會形象亦與傳統女性氣質存在衝突。

這種觀念與經驗背景下，母親往往難以成為明確的帶領者。因為帶領似乎與「女人」的傳統氣質相悖，這樣的觀念無形中阻礙了她們發揮領導才能。

此外，還有一項影響母親與男孩關係的因素：兒子本身是男性。如果對象是女兒，有些母親至今仍試圖阻止女兒展現穩定性與領導力，但對男孩的態度卻截然不同，即使男孩還年幼，母親也會積極鼓勵他展現男孩應有的特質，以符合社會的期待。這背後隱含著性別動力（gender dynamics，基於男強女弱、女性服從等刻板印象，所產生的互動模式）：母親往往會揠苗助長男孩的男性氣質，然而，作為女性的母親卻常常無法或不被允許反抗男性權威。

這種性別影響常使母親感到不自在，但她們仍能勉強忍受。隨著時代進步，與女性相關的傳統觀念逐漸瓦解，越來越多的母親成功克服了阻礙。然而，仍有一些因素，令母親在關鍵時刻退縮，轉而要求父親承擔領導角色，而自己則逐漸失去自信，變得過於溫和，無法有效幫助男孩成長。**作為母親，一定要積極強化自己的優勢，堅定的發揮領導力。**

當然，無論處於人生哪個階段，女性都能輕而易舉的成為出色的領導者，面對自己的兒子亦不例外。一位能明確引導孩子的母親，不會受到傳統女性化標準的束縛；相反的，透過引導孩子，她能成為更優秀的女人，既能展現溫柔和藹，又能保持明確堅定的態度。

許多時候，女性所缺乏的僅僅是可供效法的榜樣，她們往往只能回到原生家庭中尋找參考的模式。然而，只要稍加留心，就一定能從中找到優秀的榜樣，並告知身邊的人：女性同樣能成為出色的領導者。

男孩與女人

基本上，男孩對於女性帶領者通常不會有太多異議；但有一個先決條件，就是他們必須學會並理解男女平等的真諦。男孩最初從父母身上學習到這一點，儘管父親與母親的角色各不相同，但有件事一定要讓孩子清楚看到：即使存在差異，本質上父母是平等的。

上一代常說的「等爸爸回來再說」早已過時；儘管男孩在某些細微差異中可能察覺到父親具有較高的領導威信，但「男人比女人領導力更強」的觀念並不正確，且明顯違背平等的精神。原則上，父母應具備同等的領導力與責任，在引導孩子時，雙方不應互相對立，而是彼此合作——父親支持母親的管教，母親亦應支持父親的引導。

媽媽不說准羅賓看電視，羅賓嘗試對爸爸提出同樣的要求。

爸爸說：「聽著，如果媽媽說了『不』，那就是『不』。」

同樣重要的是，男孩的男性氣質是獨立發展出來的，不應為了顯得更有男子氣概而貶低女性。女性與男性的地位本應平等，遺憾的是，這種平等至今仍未實現。男孩觀察這些不平等現象時，也會將此納入對性別的認知中，甚至可能形成男性略高於女性的錯誤觀念。

就成人身分而言，母親與其他成年女性的地位應高於男孩，而成年人則略高於兒童和青少年；然而，女性在性別地位上往往較低，當母親管教兒子時，男孩便會把握每一次衝突的機會，試圖決定究竟是母親說了算，還是自己更有主張。

事實上，母親必須積極且果斷的發揮領導力，但作為帶領者，母親往往缺乏足夠自信。她們對於領導充滿不確定感，很容易讓出領導權，陷入無助的境地。主動領導對她們而言極為困難，而這種情況並不利於男孩的發展，因為男孩需要母親穩定而堅定的態度，避免日後成為大男人主義的人。

從某種意義上來說，母親是男孩心中理想女性形象的原型，因此，男孩如何**接納母親作為一位成熟的成年人，將影響他們未來整個人生的發展**。在我們的社會中，接受女性的帶領對男孩來說極為重要。當男孩與女性教育者、警察或其他女性領導者相處時，為了彰顯自己的能力，有時他們可能會採取錯誤的性別觀念而挑起衝突，或者以自暴自棄告終。因此，母親及其他女性必須堅定發揮自己的領導力，履行應盡的職責，這對男孩未來的發展至關重要。

隨著孩子年紀增長，對母親的依賴將逐漸減少；如果母親不必總是隨叫隨到，**反而能提升自身的價值感**，例如說：「等一下，我現在沒有空。」或「你先開始，我馬上就到。」對男孩而言，這樣的話語非常有幫助。

男人與男孩

影響父子關係的兩個主要動力：一個是競爭，另一個是身分認同。從父親的視角來看，這些動力影響著他的領導力。過去，子承父業被認為理所當然：至少要有個兒子接班，或者接手農場或企業。如今，這種強制性繼承的模式幾乎已不復存在。但在不少家庭中，這樣的期待仍若有似無的存在著。

父親的領導力也會因認同女性角色而獲得提升。他能以身作則，向兒子展示性別平等的真諦，這一點極為重要，因此父親在必要時應積極介入，例如：「請停止以輕蔑的語氣談論女性，你不應該這樣說，請想想你所說的話意味著什麼，我認為這對女性十分不尊重。」當父親認同兒子時，男孩便會感受到自己與父親是平等的，彷彿心中低語：「我們都是男人，我也希望成為像你那樣的人。」這有助於改善彼此的關係，對父親而言也具有無形的吸引力。

然而，過度認同卻可能削弱父親履行領導責任的能力。有時候，父親過於與男孩感同身受，反而容易因為失去自我，從而使得引導失去界線，最終導致帶領混亂無序。

相反的，如果父親將兒子視為競爭對手，也能成為建立連結、構築關係與結盟的一種方式。此時，領導方面的問題又會浮現：男孩希望知道，即便他質疑與攻擊父親，或在某些領域（例如足球、滑雪、電腦等）中擊敗父親，父親是否依然能堅守自己的立場。面對這樣的情況，一位成熟的父親必須能保持領導力，並根據男孩年齡的增長，逐步調整引導方式。如此一來，男孩才能健康成長，因為父親傳達的穩定態度，能幫助孩子建立安全感與自我價值。

即使在父親的角色中，傳統的陽剛之氣仍會在不知不覺中發揮影響，這對每位男性而言都是一種挑戰。作為父親，他必須避免回歸於父權體制的陳舊傳統，並應謹記：領導不等於無條件堅守僵化的原則。領導關係應當是鮮活且具彈性的，雖然有時需要理性、堅持己見，但成功的引導關係也應具有協商空間，父親可以嘗試說服兒子按照自己的意見行事。

具有穩定性格的父親更容易取得成功。缺乏自信的父親有時在競爭中會感到焦慮——特別是當男孩進入童年後期和青春期，權力鬥爭與攻擊性日益加劇時，這樣的父親便會害怕失去「一家之主」的地位，並將這種競爭視為人身攻擊。隨後，那些顯得「虛弱」的父親往往反應過度；如果情勢失控，缺乏安全感的父親可能會訴諸武力，採取懲罰、威脅、貶低，甚至肢體暴力。

父親的這些行為加劇了與權力有關的衝突。當父親濫用權力，甚至無情的懲罰孩子時，有的兒子會直接屈服，有的則選擇放棄與父親建立關係，還有的兒子會試圖反抗。在任何發展階段，這種情況對男孩都極為有害，令他們難以承受；而當男孩面對軟弱無力的父親時，他們的反應往往更為激烈，從而使父親進一步喪失引導力。

男孩與男人

男孩也需要面對「競爭」與「認同」的議題，但他們的方式卻很獨特。透過同理心、效法以及追求平等，兒子期望從父輩的力量中汲取寶貴的經驗；當父親展現出自己偉大的一面，並引導他洞察自己的世界與價值觀時，兒子便會求知若渴的享受這一切。

男孩同樣渴望了解和體驗成年男性的認同，並探索領導力的本質。父親的引導與陪伴將在他們心中留下深刻印象，成為發展男性氣質的重要基石。

隨著男孩年齡增長，認同父親可能會變成一個問題。換言之，如果男孩只能依賴認同父親來接受指導，他所獲得的啟發將會十分有限。

男孩逐漸長大後，他們往往會將這份認同轉移到其他男性身上，如學校老師、社團或球隊教練，以及電視媒體人物。男孩開始比較，並將自己的經驗與感受融入其中，逐漸意識到父親並非完美，甚至開始質疑父親。從此，兒子對父親的認同便會慢慢減少。

在童年階段，父親常被視為男孩的競爭對象。儘管男孩深愛並欽佩父親，但在男性層面上，「誰更強大」的較量始終存在。

這是男性氣概中不變的主題，它不斷告訴男孩，男性之美往往體現在力量的競爭上，而女性之美則注重內斂與柔美。

此刻，領導關係開始出現變化，父子間的衝突進一步加劇，直到今日依然如此。在這場與父親的地位爭奪中，男孩和父親爭搶這塊名為「男子氣概」的蛋糕——裡面有責任，也有權力。對男孩來說，這是一件有趣的事情，在男孩成為男人之前，父親永遠占上風。

進入青春期後，父子間的衝突越演越烈。處理好這些衝突仍然是父親的重任；

當父親未能真心對待男孩時，他自然會感到悲傷與失落。兒子的期望中充滿矛盾：一方面，他希望父親能勇敢承受他的挑戰；另一方面，他又期盼父親能夠適時讓步。對男孩來說，這兩者同等重要——既要向父親發出挑戰，又要期望得到恰到好處的回應。

8 不應把扣零用錢，當作懲罰

在給予男孩合宜的教養中，有一點很重要，我想很多人都明白，那就是——父母之間的關係。彼此認同、相愛的父母，能給孩子最好的照顧。

這個任務很簡單：父親支持母親的管教，母親支持父親所下的指令。這麼做對每個人都好，特別對兒子，他會發現自己處在相當明確、清楚的狀態裡，沒有複雜又暗潮洶湧的關係。

即使夫妻雙方偶爾意見不合，有領導力的父母會避免在兒子面前發生衝突。不論有什麼問題，我都建議私底下討論，必要時尋求外界支援。

有時候，父母會不經意表現出對彼此教養方式的不滿。舉例來說，有些父親不尊重母親的決定。他們不是支持對方或共同做出決定，而是未經思索的做出另外的決定。也有一些母親，在照顧和教養男孩上，不太會考慮另一方的想法。她們將全部的注意力都放在兒子身上，想的都是如何滿足兒子的需要，父親反而變成「副駕駛」。

貶低雙方的決策，只會讓男孩的處境更辛苦。當父母成為糟糕的榜樣，失去了對彼此的尊重，父親和母親之間可能會出現階級關係，男生和女生也會因此有了優劣之分。如此一來，便會重傷兩方的領導力。

就和任何形式的關係一樣，帶領的關係會不斷變化，當然，也會有做錯和碰到挫折的時刻。對於男孩來說，更重要的是，他的爸媽和身邊的人能勇於犯錯，願意為自己的不完美承擔責任。既然爸媽不完美，那麼兒子也無須承擔壓力，只要做到六〇％就足夠了。

同樣的，父母親彼此支持的原則，在小家庭外也適用。舉例來說，祖父母的任務是支持爸媽的教養原則。要做到這一點，最簡單的方法就是主動觀察父母的原則（有時候孫子來訪時，規則會被放寬）。無論如何，祖父母必須成為父母的教養夥伴，給予尊重和支持。

學會面對消費欲望與培養正確金錢觀，是每個男生都要學會的功課。這門課和學校數學課的最大不同，在於男孩可以藉由爸媽的教育學習，也可以在生活的實踐中學會。

教導男孩面對消費欲望，培養正確金錢觀

消費的欲望和金錢的使用，這類議題在親子關係中很常見，但背後也涉及性別的影響。不論在任何年紀，男孩得到的零用錢都要比女孩多；男孩在玩具上花的錢也比女孩多，因為男孩更「需要」，他們需要更多的技術和電子類的玩具（按：以現今社會來看，男孩的花費多與消費習慣、家庭分配方式有關）。

如今，太多的年輕父母試圖迴避與金錢和消費欲望相關的衝突，這不僅大大削弱身為父母的領導力，也會影響孩子的發展。那些在金錢和物質上總是被滿足的人，學不會精打細算，也學不會保持期待、等待和忍耐。

如果男孩習慣「要什麼就有什麼」，他們會相信只要自己夠堅持——「我想要什麼，就應該買給我」。為了息事寧人，父母最終會妥協，男孩的消費欲望將與日俱增。

當然，男孩確實需要一些可自由支配的錢（零用錢）。自由支配指的是讓男孩自己決定怎麼使用，即使對父母來說很困難，父母也不該干涉。畢竟讓孩子買自己喜歡的東西，甚至做一些錯誤的決定，對學習管理金錢也很重要。

我建議，父母可以在固定的時間發零用錢，準時給孩子零用錢也代表父母的誠信，要建立互信的領導關係，可信度很重要。為此，**父母不應該將把「扣零用錢」當成懲罰**。只有在合理的情況下，像是男孩造成的損失，可以適度的扣除零用錢。至於學校用品、食物和飲料、學校午餐、衛生用品、衣服等費用，就不該動到孩子的零用錢。

要找到正確的方法並不容易，也很難套用其他家庭的教養經驗。從小學開始，父母可以慢慢增加男孩的零用錢。到了青春期，零用錢的額度會大幅提高。此時，父母需要隨時制定新的規則與規範。

當男孩想要的東西，對父母來說沒必要或太昂貴時，可以用折衷的方法處理：讓孩子支付一半的價錢。這種做法可以解決很多問題，也能間接提高孩子的金錢概念。

金錢和消費欲望，也與社會地位有關。在德國，大約有十分之一的孩子來自極貧窮的家庭。男孩喜歡把物品或金錢當成地位的象徵，分出一個又一個小團體。在青少年中，這種傾向越來越明顯。

父母必須嚴肅面對這種情況，因為扶持弱者是重要的價值觀。貧困的家庭負擔不起出國的昂貴機票，也負擔不起高價位的電子產品。因此，父母刻意降低消費欲望或是不要給孩子太多零用錢，對整體社會氛圍也有益處。

有一些男孩會出現竊盜行為，多數在商店發生。被抓到是好消息，對初犯的孩子來說，能快速長大並學習社會責任（被抓、感到羞辱、跟老闆道歉，也許還需要賠償）。如果父母在男孩身上發現來路不明的物品，一定要耐心追查，如有必要，也可以向警方尋求協助。

第 7 章

每個孩子都是獨一無二的存在

父母該怎麼做，才能向男孩下達明確指令並讓他們確實收到？究竟怎麼做，才能提供強而有力且又充滿愛的引導？接下來，我想分七個步驟來討論。

這七個關鍵彼此獨立。遺憾的是，我還是沒有辦法提供一個終極的教育方案。就連如何處理與我兒子的關係，我也從來沒有輕而易舉的處方。

教育的方式和親子的關係形式各異，如同我們每一個人都獨一無二，孩子也都不一樣，有些需要多一些引導，有些則不需要。

即使是同一個男孩，在不同成長階段，他的需求也會有所不同。在某些情況下，明確的引導與因材施教對男孩非常有用；然而，有時他們卻不領情。

更多的引導意味著：父母需要改變與男孩之間的關係與互動。以下七個關鍵點，將告訴你如何不過度依賴權力或獨裁達成目標；這部分涉及個人內在與外在的連結——與男孩建立良好關係，更是一種心態和價值觀的展現。

教養技巧確實有效，而且有一整套流程；然而，技巧終究只是是外在工具，其效果往往難以持久。在進入新領域時，技巧可以為我們帶來安全感，但「關係」則不然，因為關係在本質上是流動的、無法被完全掌控，單靠技巧必然會碰壁。

要與男孩建立良好關係，絕非僅靠技巧就能辦到。如果父母只是流於表面，或表現出高高在上與目中無人的態度，那就失去了教養的本質。技巧本身並無問題，它可以成為我們的工具，這些實用建議確實也是必須的；然而，如果僅著眼於成效、忽略個體差異，反而會失去了真正的教養意義。

許多在教養上立場十分明確的男孩家長，外人往往難以窺見他們究竟是如何做到的；儘管許多時候只是下意識的反應，但他們的成功絕非偶然。

這七個關鍵點，讓我們看見了無限的可能。掌握這些原則，能幫助我們建立親子關係，並且更有效的引導孩子。你也可以想像自己正坐在一臺操控臺前，面板上有各種強弱控制器，可以設零到十個等級；而這七個關鍵要素便是不同的按鈕，我們應盡量善用所有操作，以保持穩定。

並非每個男孩都需要隨時與父母保持高效能的關係，也沒有人能確定，在何種情況下採取何種回應方式才最正確；因此，對男孩而言，**明確的引導意味著：不斷嘗試與從零開始**。

那麼，我們該從何處開始？

作為父母，你必須找到一個有效的方法，這關乎你引導孩子的方向與路線，而非僅讀完一本書就能掌握所有訣竅。

1 問問兒子：「你覺得我是什麼樣的爸爸？」

如果你想和男孩打交道，你就需要清楚認識他以及自己。一個有意識的決定，對自己毫不含糊的說「是」是第一步：是的，我是一位父親；是的，我是一位母親；是的，我們是父母；是的，我們是成年人。

兒子需要父母，而父母的優點會深植於男孩的人格中，並融入你們之間的關係。父母如果能明確了解自己的渴望、認知與願望、優勢與劣勢、能力與限制，以及衝動與自制力，對孩子的成長將帶來極為重要且深遠的助益。

此外，回顧往事也有助於父母更深入理解自己：我曾經歷哪些美好或不堪回首的往事？在生活中，我是否曾展現過權威？我的父親與母親在清楚明確的帶領與責任感這方面，做得怎麼樣？我該從何處學習並效法好的權威？在這個過程中，究竟是誰讓我感到失望？

另一種方法是「權威畫廊」。請試著想像自己正漫步在一座城堡的畫廊中，牆上懸掛著你曾見過的所有權威人物畫像；當你離開畫廊時，從學生時代開始的每一幅畫，彷彿都對你訴說著一句重要的話。請記錄這些話，仔細思考：哪些代表好的部分？又有哪些話，藏著你成長與發展的契機？

父母如何發揮作用，以及男孩如何認真對待，皆取決於父母的決心。當父母對自己的目標與意願了然於心，並為此堅信不疑時，他們的目標與決心便能透過言語傳遞出去，這對男孩非常有幫助。作為成年人，父母必須留意分寸，切勿操之過急。

尤其對於年輕且缺乏安全感的父母，這個有意識的決定，意味著要對自己所扮演的角色堅定的說「是」。請接著思考以下幾個問題——我需要什麼？哪些部分必須放手？藉此來確定自己的領導責任與能力。

切記，明確的引導與自我否定的態度互相矛盾。對父母來說，擁有健康的自我意識至關重要，因為它能幫助父母清楚傳達自己的態度。如果父母唯唯諾諾或表達含糊不清，兒子會缺乏安全感，進而覺得自己的需求未被重視。

在一次採訪中，一位父親反覆談到權威性的重要，並深刻反思：「有時候，你可能在不知不覺中犯錯，失去了自我覺察的能力，就像你與男孩相處時所發生的那些衝突。事後，你會不斷自問：我該怎麼做？這時，我才注意到，我總是不停的傳遞訊息，急於掌控他，並對孩子抱有過高的期望。」

明確的引導，需要勇氣

找到自己的教養方法、質疑自己、正視自己的優勢與劣勢、勇於承擔責任、守護與男孩的關係，這些都不容易。

對成年人來說，父母大可立刻向男孩展示自己的威信，懲罰他們，用帶有敵意、咄咄逼人的態度管教他們，也可以選擇放棄、切斷與孩子的關係；或是用充滿負面的態度面對這一切，但真正的難題是，如何拒絕這些權力的誘惑。

此外，關注男孩的成長，處理自己的情緒，同樣不輕鬆。**父母要保持清醒，不能因為缺乏安全感而墨守成規、固守己見。**

向外界尋求支持需要勇氣，承認自己與他人的不足、承認單靠自己能力不足、承認自己需要別人的建議等，這些都需要極大的勇氣。

探索自己的領導風格

傳統的父母形象，會大幅影響爸媽的帶領風格。偉大無私、從來不考慮自己、不顧一切的為孩子付出、對孩子有求必應等，這些是傳統母親的形象。然而，這樣的行為對男生的成長沒有太多好處，反而讓他在和女性相處時，經常感到手足無措。

舉例來說，當他發現女性也有自己的需求，會覺得很驚訝、難以置信，因為他早已習慣母親無止境的犧牲付出，與有求必應。

對「父親」這個形象的誤解，也會在無意識中影響他：父親理當隱藏或掩飾自己的不安全感，必須總是表現得堅強、無懈可擊。這是天大的錯誤，也與事實完全不符。

能堅定且下達明確指令的父母，通常會比較有個人魅力，也更能支持兒子的成長發展。領導力沒辦法事先打草稿，它是在不知不覺中形成的力量，源自於這個人本身傳達的氛圍。這個人到底說了什麼，其實不是那麼重要，對男孩來說，父母多數時候說的話，他們都不會放在心上，最後都會煙消雲散，僅留下模糊的印象。**身教比言教更有影響力**。

對你的兒子來說，作為他的父母和帶領他的人，你認為自己在哪些方面做得比較好？如果你願意，可以試著用不同的方法：如果再有耐心一點、再放慢一點，教養的效果會不會更好？如果把要說的話縮短一點，讓這句話更容易被記住，孩子會有什麼反應？如果能更真誠、更坦率，會發生什麼事？

身為領導者，我應該具備哪些能力？哪些部分應該調整？這些，都需要父母花時間沉澱、反思。

當然，父母也可以從其他父母和榜樣身上學習。不過要注意，每個父母和兒子相處都有其獨特之道，模仿不來，必須靠自己一步一腳印的摸索。

明確的教養模式，包括維護自己的教養權威，也包括持續挑戰並質疑自己的領導風格。另一半的回饋，也尤其重要，能避免我們自以為是、驕傲自大。你可以提出這樣的問題：「你覺得我是什麼樣的爸爸／媽媽？在現在的親子關係中，你對我有什麼感受？」

明確和健康的帶領模式，不只和父母有關，兒子的感受也很重要。他的感覺如何？他怎麼看待我？當然，只有在他們脫離孩童，社交能力也隨之提升時，才能更積極且直接的給予回饋。在青春期的階段，我們的兒子不會那麼順從，因為，正是在這個時候，他們會發現原來爸媽也有這麼多缺點和脆弱。

這是一個偉大的過程，也是一個莫大的成長機會，讓父母與兒子的關係，能因此昇華到下一個階段。

感受以下兩種不同的表達方法，你們認為青少年聽到會有什麼感覺？

「我們已經為你付出一切，只要你再努力一點，你就可以成為好學生！」

「為了讓你成為好學生，我們已經盡了最大的努力。但是，我們失敗了，或許我們做得並不對或是還不夠。」

承擔責任，與男孩建立信任

「信任」在任何關係裡都很重要。兒子之所以能安心的將自己託付給爸媽，是因為深信他們會保護、包容、疼愛自己。爸媽的存在，也代表並體現他們所認可的重要價值觀；同時，兒子也能承接這些價值觀，並將其內化成自己的一部分。

在此發展階段，「責任」是重要的關鍵字。在父母的引導下，他們得以承擔責任，讓父母能放心放手，而這正是培養內在領導力的關鍵所在。

明確的帶領、給予孩子信任和培養責任感，可以提升孩子的交際能力、同理心和正義感，讓孩子更勇敢並減少暴力行為。當男孩逐漸學會為自己負責，父母也要負責孩子的好壞，不能把問題推給孩子。

我妻子用餐時，食物從叉子上滑落，掉落在地板上。我們正值青春期後期的兒子，帶著自負的神情說道：「如果妳這樣吃飯，我以後就不會再和妳一起外出用餐了！」這句話，正是我們過去教導他餐桌禮儀時常說的話。

得體的舉止

聽聞此言，我們不禁莞爾——一方面為他的機敏回應，另一方面也感嘆，我們多年來的教導終究獲得了回報。

當父母將孩子的禮儀表現與自己的形象綁在一起時，這對孩子來說未免過於苛責。不過，為了讓孩子能更融入社會，基本禮儀仍然重要。

例如，當他人需要協助時，不應假裝沒看見，要主動伸出援手；遇見熟人要禮貌問候；乘坐大眾運輸工具時，如果旁邊有年長者，應適時讓座；進餐時也要遵循餐桌禮儀，正確使用餐具，避免在口中塞滿食物時交談；進食時不應低頭使用手機或其他電子設備，要專注的用餐。

此外，諸如打嗝、放屁、咀嚼時發出聲響等行為皆要避免，以維持用餐禮儀與社交禮貌。

學習禮儀多半仰賴模仿或適度的約束，尤其在青春期階段，反覆提醒至關重要（因為大腦會快速刪除無關緊要的資訊）。例如：「請將手機關閉，我們用餐時不希望受到干擾。」這類話語，我們或許早已說過無數遍。

許多成年人對於青少年的不當行為選擇沉默以對，試圖以無聲的方式對抗，直到當對方刻意挑釁才會做出回應。然而，更多時候，人們選擇睜一隻眼、閉一隻眼，不予理會。**在任何情況下，父母適時而明確的回應，遠比漠視與縱容更好。**

2 父母不必是聖人，也不須裝作聖人

父母的價值觀如同一個支點，亦如指南針般，在養育子女的旅程中提供指引。他們會選擇自身認為正確且重要的價值觀，然而，價值觀並非具體的目標，而是一種方針、一種方向指標。由於價值觀可能存在多種解釋，因此僅僅提出一項價值觀，並不意味著能清楚理解如何貫徹執行。

例如，如果父母強調寬容與包容的價值觀，這不代表當兒子穿著破舊的牛仔褲，甚至拒絕換洗時，他們就能立即判斷該如何面對。更具挑戰性的是，不同價值觀之間可能會有衝突，這需要家長們深思熟慮，權衡利弊。

一個清晰且具體可感的價值觀，有助於男孩的心理穩定與人格發展。他們會尋找行為準則——何者正確、不正確，應該如何行動、避免哪些行為。**當父母身體力行的實踐價值觀時，孩子便能從中找到方向。**在這些價值觀的框架下成長，男孩會隨著自身發展，更加理解這些價值，最終建立屬於自己的價值。

在這個過程中，他們可能會重新檢視父母的價值觀，甚至挑戰傳統或過時的觀念。如果父母能提供正確的價值觀指引，男孩便能建立屬於自己的價值體系，在比較與反思的過程中不斷成長。

男孩主要透過觀察父母的行為，以及親身體驗來學習。因此，單純談論甚至宣揚價值觀，並無太大意義，因為價值觀不應僅停留於言語層面，需要體現在日常生活中。家庭的價值觀將內化為孩子的一部分，成為一種共同的基調，凝聚家人，形塑家庭文化。

此外，價值觀亦蘊含著更深層次的意義。我們所處的商業與媒體文化往往聚焦於「我該如何成功？」這類現實考量，而非「我是誰？」這類更本質的問題。與孩子一同思考價值觀，代表家長正試圖回應男孩內心深處的疑問：「我們為何而活？」、「我來到這個世界的目的為何？」、「我更深遠的使命是什麼？」具有明確價值觀的父母，能在這些問題上為孩子提供方向。然而，無論他最終選擇何種道路，男孩終將回歸自身，思考：「我該如何行動？」

價值觀對男孩的人格發展有不可忽視的影響，同時亦彰顯了父母作為榜樣與引導者的關鍵作用。如果缺乏明確的價值觀，可能傳遞出一種對社會漠不關心、無所謂的態度，並進一步影響親子關係。

許多男孩對價值觀議題非常敏感，他們能察覺價值觀衝突，並在認知到不公時明確表達憤怒：「這太過分了，這不公平！」透過這樣的表達，他們展現了自己對公平正義的理解與認同。

尤其當事件直接涉及自身，或影響到所屬群體時，這樣的反應將更為強烈。例如，當某個男孩獲得的冰淇淋比其他人少，或是女孩被優先考量，甚至比賽裁判明顯偏袒某隊時，男孩會更義憤填膺。

法比安憤憤不平的說：「老師又指責男生在班上吵鬧，但女生的音量也很吵！」

因此，價值觀至關重要，但問題究竟出在哪？許多父母及教育者不願公開表達自身的價值觀，甚至在面對自己的孩子時，相較於其他成人更顯畏縮。畢竟，表達價值觀有時會令人感到尷尬，誰又能真正斷言何為對、何為錯？正因如此，許多成年人選擇避而不談，甚至刻意模糊。

對此，男孩其實有所察覺，並開始認為價值觀本身就是含糊不清的。他們可能尚未意識到，自己早已在耳濡目染中繼承了父母的價值觀，這也使得家庭內部的價值觀與態度變得混亂、矛盾，甚至可能發生衝突。對孩子而言，這是一種充滿不確定且令人不安的狀況。

這值得花些時間反思，也替孩子思考：

- 我秉持的價值觀是什麼？哪些價值觀對我至關重要？
- 我的核心價值為何？我為了什麼努力？哪些需求絕對不可侵犯？
- 我從原生家庭中承襲哪些價值觀？這些價值觀至今仍適用嗎？
- 當兒子長大成人，他會記得我所重視的價值觀嗎？

思考與察覺價值觀至關重要。父母之間亦可擁有不同的價值觀，並比較與討論。家庭內所重視的價值觀，將隱含於日常生活的律動之中，扎根於家庭文化與氛圍之內。如果能適時明確討論或透過語言表達，可讓孩子更容易接受。更重要的是：重視與尊重家庭成員各自的價值觀。

價值觀應是一種方向的指引，而非束縛。因此，在談論價值觀時，毋須言過其實。**作為父母，重要的是以身作則，並時刻留意自身的言行舉止。**男孩渴望了解如何將價值觀落實於生活中，因此，他們需要的並非道德勸說人士或苦行僧，而是擁有健全價值觀，能以適切方式展現於日常生活中的普通人。

思考家庭的價值觀

我們秉持著怎樣的價值觀？對家庭來說，哪些價值觀很重要？

1. 個人價值觀

可靠、真實、真誠／誠實、謙虛、質樸、勤奮、自我成長、盡忠職守、責任感、健康、健身／運動、乾淨整潔。

外表、值得信賴、價值觀和言行一致、耐心、善良、寬容、條理、占有、自律。

2. 與家庭和社會互動有關的價值觀

合作、顧全大局、照顧弱者、承擔責任、團體意識、人道主義、成人的領導角色、充滿欣賞的溝通/相處、愛。

享受快樂的可能、互助合作、服從、可靠、忠誠、容忍、平等和尊重、在場。

3. 大眾價值觀

男女平等、熱愛生活、公平正義、節約能源、生態環保/持續發展性、和平。

共同決定、全民參與、民主、自由(推陳出新)、穩定性、富有、愛護動物。

價值觀與言行要一致

言行一致，意味著一個人能始終如一堅守自己的價值觀，行為亦能與價值觀相符合，因此，在他人眼中更值得信賴。這樣的人不會因貪婪與誘惑而迷失，也不會在威逼利誘下放棄自己的價值觀。言行一致與真誠的態度緊密相關，並體現在個人的日常生活中：他們言行一致，相當正直。

唯有正直的人，才能順利融入社會，即便可能打破原有的和諧，他們仍堅守自己的價值觀（言行一致不代表沒有衝突，衝突也不等於不和諧）。他們期盼自己的價值觀能始終如一，只要某件事符合其價值觀，便會毫不猶豫的實踐，並為自己承擔責任。

孩子們渴望擁有健全的父母，即言出必行且遵守法律規範的父母；只有這樣，他們才能信賴父母及其價值觀。無論有意或無意，孩子都會注意父母如何實踐自己的價值觀，並透過模仿來學習。**言行一致的父母為男孩創造了對社會充滿價值、秩序與正義的基本信任**；如果父母言行不一，男孩便會對其所扮演的角色產生疑慮。

賈尼克是拜仁慕尼黑球隊的忠實粉絲。他的父親英格不喜歡在電視上觀看足球賽，曾罵道：「那些球員只會踢球，頭腦單純、四肢發達，大部分甚至未完成高中學業。」然而，他卻一向聲稱，自己對所有人一視同仁、公平對待，這讓賈尼克非常不高興。後來，英格向賈尼克解釋為什麼自己會這樣說，也承認了自己的錯誤，不應該這樣評論足球員。

如果我們詢問成年人對言行一致的看法，大部分人會說：「當然，這必須做到！」也許他們的回答過於輕率。事實上，仔細觀察可發現，我們的生活處處充斥著爾虞我詐、弄虛作假與投機取巧：「奶奶如果打電話來問我在做什麼，你就說我出門買東西。」或是紅燈亮時，爸爸竟旁若無人的快步穿越馬路；耍些小聰明以逃避停車費；與他人談論鄰居的壞話；女老師對男孩說「沒時間」，事實上她想的是「我沒興趣」；趁人不注意隨地亂丟垃圾等，更不用提那些更嚴重的情形（成癮行為、外遇等）。

當然，這種問題不僅存在於父母身上，我們生活周遭許多領導者也經常令人失望。舉例來說，老師要求大家準時到校，自己上課卻總是遲到；要求學生認真完成作業，卻在課堂上表現得一團糟。如果帶領的人不能自律，又如何令人信賴，更遑論具備高度的領導力？

此外，還包括一些小手段、從公司順手牽羊一些辦公用品、違規超速，或者偶爾有些小額的保險詐欺等行為，都會漸漸腐蝕成年人的生活，進而使成年人無法言行一致。反之，父母及其他養育者越能做好這件事，其領導力就會越加穩固。

這裡指的一致，還包含個人必須具備自知之明，清楚自己的劣勢、短處與陰暗面。沒有人十全十美，勇於承認自己的弱點，正是領導者須具備的一項重要特質。表現得無懈可擊反而會引來懷疑，人們會認為其中可能存在欺騙和謊言。

誠實以對、主動承認錯誤，這是種優秀的品格。父母不必成為聖人，也不需要裝作聖人（這更嚴重），接受自己的弱點反而能使成年人更值得信賴。

守住個人邊界

基本上，每個人都有權保護自己。協助男孩健全的發展人格，這是家長及其他帶領者的責任。身體虐待與性虐待會嚴重侵犯男孩身體與心理，精神暴力亦會造成傷害。過度的情感投入或過度讚揚，任何模糊不清的界線都會傷害男孩，從而影響他們的心理和情感上的完整性。

男孩往往一再忽視自己的完整性，以至於很少真正認識到自身的界線。在一般情況下，男孩的行事方式各有不同，他們重視自己的觀點與立場。我們應在這方面予以支持，即使他們的觀點並非總是合宜。此時，父母可以幫助男孩整合價值觀——確保他們不會陷入困境，或在陷入困境時能及時將其拉出。

當你的兒子與他人討論某個觀點時，如果你發現他的立場不太明確，最好耐心的一遍遍詢問他：「你想表達什麼意思？你如何看待這個問題？什麼對你來說最為重要？你喜歡這個還是那個？」面對上述面問題，或許他需要一些時間找出答案，但終究會弄清楚。

3 別做分心型父母

對於一段清晰明確、能充分帶領且充滿生氣的關係來說，只保持做人在場遠遠不夠。那些表面上與男孩相近、內心卻遠在千里的父母，雖近在咫尺，實際上卻是遠在天邊，無法與男孩建立真正的連結，也無法及時提供協助。「在場」意味著真正陪在孩子旁邊，與他建立連結。

無論是共同從事某項活動、一起用餐、一起做家務，或是爭論與協商某些議題，這些都是能強化並促進親子關係的方式。

每一次的連結，都是我們與孩子建立關係的時刻；這樣的連結既可以是身體上，也可以是心理上的。

這可以解釋，為何身體的接觸對男孩這麼重要。在接觸過程中，有些東西會自然流動——我們會感受到彼此，聆聽彼此（化學訊號會發揮作用）。大都時候，身體接觸被理解為親密、同理、共感的表現。對於青春期男孩，父母也可以採用一些略顯「粗魯」的方式來建立連結。

用拳頭有力的碰觸他，也是建立接觸（連結）的一種方式。特別在青春期，男孩更傾向以這種充滿力量的方式，來表達他們與其他人連結的渴望。不過要稍微注意，如果他用力過猛或弄痛你，務必明確告訴他。

我們如何接觸並建立連結，也與家庭及社會文化密切相關。許多時候，接觸的方式會受到父母影響，例如：打招呼時點頭、道別時握手、擁抱或輕觸肩膀，以及用來建立或確認親子關係的小動作。

針對可能引發衝突或被拒絕的事，像是電腦、遊戲機與社群網路，父母可以直接詢問兒子：「你一直玩的遊戲是什麼？為什麼你這麼喜歡？哪個部分讓你覺得特別棒？」最好從一開始就觀察與參與這些事物。接著，你可以說出自己的擔憂與恐懼，以及你對該事物的感受與理解。

在場意味著以濃厚的興趣相伴，我們可以用「熱烈的在場」來形容父母與孩子之間的深度交流。然而，這正是目前最大的問題：什麼叫「當下」？就是你全心關注男孩，關注彼此的關係、對方的需求與每一個當下的情境，這即是活在當下的能力。

此刻，讓在場成為一種認可、愛與奉獻的表現。對我而言，這遠勝於其他任何事。我覺察你，我看你、聽你，感受你。真正的在場，讓你得以敞開心胸與男孩相處，關心他身上發生的事，以及那些對我而言意義重大的事。

聽起來似乎簡單，但事實並非如此。在資訊爆炸與各種誘惑並存的今日，真正的連結與在場成為許多父母面臨的難題。所謂在場，往往意味著需要付出努力，才能真正做到。對多數現代人而言，在場的能力正日漸退化。

其實，在場的能力是與生俱來的，每個嬰兒都能全然處於當下，甚至遠超過他們的父母。就連小男孩也能做到完全在場——無論是在玩耍、爭吵，還是聚精會神聆聽或欣賞圖畫。這種能力會隨著時間逐漸流失，他們開始學會不在場：注意力變得分散、思緒跳躍、迷失自我，不再有能力感受此刻，進而習慣了一心多用。

試想一下，如果有一隻野生老虎向你奔來，意圖將你吞進肚子裡，你一定會竭盡所能逃生。在這種情境下，你肯定會完全活在當下。所有與電話、工作有關的想法、等等要吃什麼、回郵件等，皆被拋諸腦後——這就是真正的在場。

因此，在日常生活中，保持在場，經常需要被提醒並且刻意做出決定。回到當下並評估這麼做對你的意義吧！

當男孩不再需要或不需要成人介入時，他們會發出明確的訊號。那些善於捕捉信號的人，能夠知道何時是最佳的離開時機。

然而，「在場」也很容易被誤解成占有或控制的行為。因此，在場並非意味著不給他們空間、持續監視他們。過度嚴苛或焦慮的「直升機父母」，總是不斷在男孩上空盤旋，隨時準備介入、幫助他們避開任何危險並極力給予支持，這樣的父母並非真正的在場，反而更像是一種「瘟疫」。

在場包含有意識的退後，讓男孩獨立，成為真正的自己，並向他傳達信任：即使沒有父母的協助，他也能獨立發展。

「在場」也是引導的一種方式。如果，你在和諧的日常生活中未能保持在場，那麼在爭執發生時，很快也會出現問題。在不安全的關係中，衝突會迅速升級；如果缺乏穩定的相互欣賞，很難維持對彼此的尊重。

做到每一刻全心投入

通常，學校中那些充滿敵意、犯罪、暴力或聲名狼藉的男孩，很少經歷過真正的「在場」。因此，我們想鼓勵家長與其他教育工作者盡量做到這件事，為你在意的孩子出現、在場、主動尋找他們，以同理心關注其處境。

這可能意味著，你需要到他的房間關懷他，與他交談。有必要時，可以前往學校，與老師及校方溝通，或是積極參與家長會，表達對孩子的關心。

當父母前往男孩常出沒的地方，看看他究竟在做什麼，也是一種在場的表現。這可能包括與他的朋友交談，分享身為父母的疑慮和擔心，也請他們提供支持。

透過這種特殊的在場方式，你會向孩子發出一個重要的訊號：『是的，我在這裡！』

「漢斯什麼都聽不進去，」辛貝力如此向我描述家中情況，並說道：「他的任務就只是布置桌子而已。他的房間在樓上，飯快做好時，我便開始叫他，但他沒有下樓。」辛貝力越來越火大，便一遍又一遍的喊，每次喊的都比上一次更大聲。大約喊到第六遍時，漢斯才終於下來；如果狀況好的話，父親只需喊到第三遍，他就會立刻回應。對此，我們該怎麼回應？根據這位父親的描述，漢斯無疑是一位贏家——前五次充耳不聞，第六次才聽從，令他大腦中的獎賞中樞連續激發了五次。

更多的接觸與在場，是我給這位父親的解決方案。當需要布置桌子時，辛貝力可以走到漢斯身旁，輕拍他的肩膀並說：「來，把桌子布置一下。」然後，他便一直站在漢斯身邊，直到漢斯開始起身。起先，漢斯顯得很驚訝，但很快便開始整理桌子。久而久之，他會立即回應這種直接的要求，甚至說道：「你不用一直站在我旁邊，我馬上就去！」很顯然，這種方法漸漸顯現出了效果。

我想提醒的是，「在場」不應拿來當成達到目的的手段。「在場」就是在場，沒有其他的意有所指，這是一種需要用心體會的狀態。影響在場的因素，通常來自內在或外在的干擾，最常發生的情況就是工作，以及那些使我們分心的外在刺激，像是手機、電腦等干擾。

打電話、看訊息，別做分心型父母

在你回家以後，請立即關掉手機並放在一旁。如果你會隨時拿出手機，也經常因此被分散注意力——別懷疑，這真的大大阻止了你保持「在場」的狀態。事實上，除非遇上緊急情況，你不需要如此頻繁的使用手機。這也涉及到：對你而言，為你所愛的人保持「在場」是否比其他一切更有價值？還是與其他人聯繫，比與家人建立連結更重要？

許多家長表示，在假期或週末時，他們比較能做到這件事。為什麼？因為在假日，他們有更多機會且更真實的體驗在場的美好。比較不需要使用電子產品，也不會被工作訊息打擾，時間不再被這些事物占據。

然而，隨著社群網路來的盛行，即使在度假或週末，這些平臺也不斷侵蝕你的家庭生活。如果你已經有手機或網路成癮的問題，請嚴肅以待，以極為嚴格的自律來實現真正的在場與連結。

日常生活中常有許多「偽在場」的情形。如果父親前往操場陪兒子踢足球，但在途中打電話或查看訊息，就不算真正的在場。他們可能誤會了，以為真正的陪伴必須從操場或足球門前開始，但在路上的時光也是一種陪伴。有些父母不專心聆聽男孩朗讀，或在前往游泳時不停使用電子產品。當電話響起，他們立即與同事或朋友通話，忽略了男孩當下的存在與感受。

每一次的「偽在場」，對孩子來說，都是一種無形的貶低與傷害。儘管人在，但任何可能的分心行為，都代表對方並非那麼重要。

此外，我們也要留心，男孩往往更精通數位方面的科技和技術（這可能與他們的陽剛之氣、心理結構或睪固酮分泌有關）。當他們眼中的父母被科技所操縱或分散注意力，這種情況（總是頻繁發生）便會深深烙印在男孩心中：電子產品永遠會在，並且是最重要的。從一開始的喜歡與著迷，到後來被賦予「魔幻」般的意義——如果父母能做到在場，就能避免後續這些可能出現的麻煩。

在場可以練習。舉例來說，在你與兒子相處時，試著覺察自己，並努力做到每一刻皆全心投入，然後問自己：「我現在是否真正在場？」如果你偶爾失神了，也無須過於懊惱，繼續練習就可以。很快你會察覺：現在我是否在神遊，或身處其他地方——然後再將注意力拉回，與男孩重新連結，回到當下。

要達到更佳的在場狀態，需要很好的自律能力。這或許相當艱難，但，男孩會從榜樣中學習。如果你能展現自律，就是最好的以身作則。如果男孩自律能力不好，很可能源自於缺乏榜樣（當然，也可能有其他原因。例如，男孩在青春期經常對什麼都不感興趣）。

特別在學校裡，男孩的任務不是屈從於那些分散注意力的內在或外在因素，而是要學習控制衝動，做出這樣的決定：「我是否應該做出反應？不，儘管我對這件事感興趣，但此刻更重要的是……。」很有可能，他必須選擇不關注那些事物：可能是一位垂頭喪氣的朋友、隔壁班風趣的男同學或是美麗的女同學……男孩透過模仿而學習，如果父母呈現「偽在場」的狀態，會延緩或妨礙男孩「在場能力」的發展。

父母的在場很重要，它既美好又溫暖。然而，同時也不必太過刻意；即便完全在場的人，有時也可能分心或陷入不在場的狀態，但這些只是例外。當外界雜訊出現，我們會分心很正常。比如不速之客登門拜訪、孩子哭泣、牛奶在火上沸騰即將溢出……父母可以依照緊急程度，與男孩們一起處理和回應。

4 指令越簡潔，效果越佳

並非所有對話都必須採用引導式溝通；我們也可以非常自然的聊天，隨意談談彼此想法、對電視新聞發表評論、分享美好回憶或品嘗一道美味佳餚。在這種情況下，雙方能暢所欲言、盡情表達。

在我們開口說話之前，身體已傳遞出無數的訊息，包括我們內在的態度，男孩亦會解讀並理解這些訊號。事實上，**非語言的訊號往往比言語本身更具效果**。許多父母常常低估身體溝通的力量，高估了口頭表達的效果。因此，許多成年人與男孩的互動只是交談，而非真正與他們溝通。

丹尼拉非常惱火，於是她開始批評兒子，一次又一次的提出新的證據與論點。大約兩分鐘後，他打斷她說：「媽媽，妳能告訴我，到底希望我怎麼做嗎？」

明確溝通的第一步與基本步驟在於「關注」。這裡表達出一個明確態度：關注男孩，與他眼神交流，並以平等的方式互動。在每一次溝通中，父母都應流露愛意，即便內容中包含批評。

當然，即使與兒子發生激烈爭執，表達上也應蘊含愛意。但，或許父母總是用威脅姿態先發制人，導致男孩未能察覺。因此，身體應率先發出親近的信號，例如靠近男孩、觸摸他的肩膀、手臂或背部，或坐在他旁邊的地板上。雖然未言一語，卻勝似萬語。

當然，詞語與句子也不可少。為使男孩接收到更明確的指令，引導型父母應給予孩子充分理解資訊的機會：**使用易於理解的句子、清晰的詞彙、開放而真實的資訊**。總之，言簡意賅永遠是最佳選擇。

遺憾的是，多數家長的提問往往含糊不清。例如：「我們明天可以去遠足並拜訪羅絲姨媽嗎？」其實這句話的意思是：「明天我們要去拜訪羅絲姨媽。」

如果事情早已確定下來，後者的表達方式更合適。否則，男孩完全可以回覆：「你是什麼意思，我們明天不是應該……？」顯示男孩仍有拒絕的餘地。

回應不要開頭就說：「但是」

明確父母的一大特點是擅長傾聽。出於興趣，他們會問：「你正在做什麼？你如何看待與理解這件事？」當男孩解釋或澄清時，父母應盡量避免在回應中使用「但是」，最好先簡單重述，例如：「我聽到你說的，你把賽道搭建得非常漂亮，而且玩得很開心。」然後再補充：「我覺得你寫作業的時間太少了，我們該怎麼調整？」

「但是」最好不要成為回應的首詞。不妨與兒子商定協議：每當父母以「但是」開頭，他都可獲得五元。

每則資訊（事實資訊除外）都蘊含著一種關係與一個訴求。明確的語言會告訴男孩，大人怎麼看待這段關係，傳達的意思包括：「我在引導」、「我會負責」、「我提供支持」。

在這些訴求中，男孩會被告知應該做什麼，或者父母對他的期待。此時，肢體語言也參與其中——姿勢應該保持筆直（顯示出真誠坦率），態度開放、自信，不語帶威脅，也不要卑躬屈膝或自卑。

使用清晰、易懂的句子

（×）「上週你沒有打掃，所有東西都亂成一團，根本找不到東西，這讓我非常不滿。你必須把髒襪子放進籃子裡。我已經說過很多次了。現在我們先談到這裡，馬上就要吃飯了。」

（○）「現在請打掃你的房間！」

除了肢體語言，說話的用詞也很重要。明確的父母會注意詞彙的數量，力求表達恰到好處。如果口語化的句子超過七個單詞，往往會變得難以理解。其實，父母不需要總是詳細解釋所有內容，也無須一再證明自己的說法是否合理。因為男孩的大腦傾向先收到簡潔的資訊，然後才逐漸延伸至複雜的層面。

此外，將溝通當成交換資訊的工具，也是男性氣質模式的一部分。尤其在青春期，因為大腦尚未發展成熟，男孩吸收與理解資訊的能力仍有限，因此他們很容易一下子就覺得資訊太多、太雜，只聽見一堆噪音，最後索性選擇忽略。

與孩子的對話，也會很快演變為家長的獨白。男孩話越來越少，到最後乾脆沉默不語。久而久之，引導的力量便會慢慢衰退，家長的喋喋不休，反而使領導力變得毫無價值。

所以，當你與男孩談論重要議題時，不妨先花些時間思考：你想說什麼？核心是什麼？目的是什麼？你為何這樣說？

溝通有時也要選擇性忽略

明確的指令需要休止符，亦即需要暫停與中斷，使你的話語能在孩子心中迴盪。**指令越簡潔，效果越佳**。當你關注該男孩正發生的情況（例如，他目前的某個問題行為）時，你或許已經知道問題點在哪，但請勿干擾過程，務必讓他自己思考，然後再繼續。

賈納今年四歲，看起來十分害羞。他既不大聲說話，也不太活潑，但腦中似乎也沒有什麼不妥的想法。他的父母講話滔滔不絕（他們本人卻毫無察覺）：「坐到那裡，脫下你的外套，你想畫點什麼嗎？別碰那個。看看那裡有什麼！小心，你擋到路！快點！」

當我指出這一點，他們相當驚訝。他們之前從未注意，並一致認為這很正常。如今，他們會對此更加留意，盡量克制自己，僅在必要時發表意見；如果有人一時忘記，他們也會相互提醒。

當男孩提出問題時，給出一個好的解釋當然無妨，但許多成年人卻會先如機關槍般連番質問，並加以評論、解釋、糾正及勸誡——雖然多出於善意，但有時既多餘又有害。

男孩從父母的回饋中學到的是：「我不對，我怎麼這麼愚蠢！」如此喋喋不休，他只會體驗到控制、支配與專制。甚至在男孩尚未察覺之時，成年人還會捷足先登的說：「快看這裡，看那裡。」削弱男孩的好奇心，令他們灰心喪氣。即便你用不同的方式證明或強調，其內容也不會因此變得更有意義或更真實。

順帶一提，**真實並不意味一股腦兒的說出你所知及感受的一切，而是指你的表達須與事實相符。**例如，如果兒子在考試前一晚已感到焦慮，你不用再告訴他：「是的，有些東西你確實沒記住。」

除此之外，明確的溝通還包括選擇性忽略：**專注傾聽、選擇性回應，偶爾以「嗯」或「哦」插話，這都能令男孩感到舒適與被接納。**

讚美與批評式回饋

對每個男孩來說，了解並學會處理自己的優缺點，以及認識長處與短處，都非常重要。這些必須依靠直接的回饋來實現。與偶爾給予回饋的熟人相比，父母的回饋更重要，父母應牢牢把握機會。批評式的回饋也要簡單明瞭，當家庭成員或朋友公開而真誠的指出他的弱點時，也具有相當價值。因為提出批評並不簡單，還需要克服種種障礙。

馬科斯感到有些惱火，因為安德列婭告訴他，他最好的朋友萊昂不願與他玩，理由是馬科斯下棋時總是獲勝。「你有時候太好勝了，沒有人總是喜歡輸。」

馬科斯說：「媽媽，妳這樣說很過分，而且這根本不關妳的事。」他的母親回答道：「我知道你沒有特別問我，但請你聽著，如果我不告訴你，誰會告訴你？有時候，家庭中彼此指出的一些事情，外人永遠不會告訴你。」

回饋也是一種關懷，男孩會在受到尊重的關注中成長。表揚代表這種關注的積極面，而實事求是、公正的批評則展現出另一面。

試圖完全消除男孩的弱點毫無意義，男孩不應隱藏或否認真正的弱點，而應以小心謹慎的態度來處理。

羅賓有時會控制不住自己的情緒。一般情況下，與朋友相處或在家中時狀態較好，但在學校他常常出現許多行為問題。他不擅長與人交往，只會動輒使用暴力，說話既大聲又直接。他的父母和老師一次又一次指出這個問題，漸漸的，當那種情緒再次襲來時，羅賓也會注意到並開始自我控制。

回饋通常是自發的、具情境性且不經意的。對許多帶領者而言，這是一件充滿挑戰的事；它需要在場並覺察出哪些是你喜歡的、哪些是不喜歡的。一直以來，在關係中給回饋，是一種明確的標誌和媒介。缺乏回饋會削弱父母的領導力，增添混沌感，因為男孩根本不知道自己究竟是誰。

喬薩正處於男性氣質爆發的階段，因此他需要明確的回饋：「住口，請不要這樣跟我說話！我是你的父親，不是你的僕人！」還有一次，他訓練回來後，直接對母親喊道：「我渴了！」她非常不喜歡他的語調，便說：「等等！我們生活在二十一世紀，父權制度早已不復存在。現在，請用正確的語氣說話！」

回饋的最佳時機是「現在、馬上」，也就是在你覺察到或一項任務剛剛完成的當下，這點對較小的男孩尤為重要。這不僅僅適用於批評情境，男孩在遊戲中也常常會有情緒化的反應，家長應即時喊停並討論問題。

任何關係的成功都離不開「確認」，因此不要吝嗇讚美你的男孩。要給出有效表揚，先決條件是先覺察到他的優勢與能力。

有些人認為不批評就是一種讚美，但這種想法是錯的，必須給予積極的回饋。有些男孩非常渴望得到讚美，會一再尋求同伴或成年人的認同：「媽媽，看！」、「爸爸，快看！我可以做到這個！」

通常，一個準確的讚美必須針對某一明確事件。首先，你要讓男孩明白自己該做什麼、自己的任務是什麼；如有需要，你也可以確認後盡快給予回饋，強調他在哪些方面做得比較好。在較大的任務或場合中，則可以讓男孩描述自己是如何做到的，並與他一同歡欣鼓舞。

透過表揚給予獎勵仍然是重要的激勵手段，同時也是改變問題行為的重要方法。這不是一句空洞的話、阿諛奉承或誇大其詞；家長應明確指出男孩實際的成就、能力或進步。必須使用正確的語調，而不是僅以乾巴巴的幾個詞來表揚，這並非易事，因此家長最好多加練習。

即使這看起來似乎不太實用，但針對某人讚美的效果最佳。例如，給某個男孩留言說：「謝謝你，你今天把浴室打掃得很乾淨！」，要比說「你們（孩子們）今天打掃得超級乾淨」來得更好。遺憾的是，這在學校往往難以實施，這也是許多男孩認為自己只會被批評的原因之一。在那種情況下，讚美並非針對某個男孩，而是整個男孩團體；當老師說「男孩們今天做得很好」時，這雖是讚美，但也可能出現問題：如果對方什麼也沒做，聽到表揚後也會誤以為自己的表現得到肯定。

有效果的批評

有些家長傾向於大張旗鼓的表揚男孩的優點，談到批評時卻寧願睜一隻眼閉一隻眼。這兩種方式對男孩的自我覺察都會產生問題，使他們無法正確評估自己的錯誤，也學不到如何面對批評。因此，男孩同樣需要批評式的回饋，才能發展得更好。

不過，這並非單向溝通，批評式回饋應當具有可逆性。父母並非聖人，孰能無過；為了成為更好的父母，他們也需要接受建設性的批評，甚至可以要求男孩提供一些有助於自己改進的批評或建議。

當然，也有些父母過於嚴厲或苛刻，但多數父母卻不會給出明確回饋，或乾脆避免批評孩子。沒有家長喜歡批評自己的孩子，但批評也是一種讓孩子被看見的方法；父母與孩子辯論，也是認可對方的一種方式。**試圖避免批評和衝突只會導致更大的衝突。因此，毫無疑問，父母應告訴男孩令人不快的真相，並給予批評性的回饋。**有時，在對質中，還需要更強調和明確的說法。

「你的作業是什麼？」

「是的，我很快就完成了……。」

「不，我只是想知道你的作業是什麼？」

「數學作業。」

「好，那就去做吧。」

「但我想先玩一會兒……。」

「不行！先寫數學作業，沒得商量！」

負面回饋經常夾雜著憤怒或失望等情緒。這正是為何在涉及責備和批評時，情緒化反應會帶來巨大危險。父母的批評不應用來發洩情緒，以宣洩對期望落空的怒氣。如果男孩的行為確實讓父母十分生氣或傷心，且父母未能完全控制住情緒，或情緒隨時可能爆發，那麼父母應該先冷靜下來，深呼吸，或換個地方。可能的話，父母最好不要在眾人面前批評男孩，應在私下進行，以保護男孩的尊嚴。

以下是「有效批評」的三個要素。

• 批評要及時

最好儘快表達負面回饋，一個簡潔的回饋，只要兩分鐘到五分鐘即可。

• 批評要具體

這裡使用ＳＶＦ（情境〔Situation〕、表現〔Verhalten〕、後果〔Folgen〕）結構來說明：

1. 說明發生的情境。
2. 觀察到的行為。
3. 產生的後果或影響。

• 批評時要提供幫助

批評式回饋的目的是為男孩提供支援，使他在未來能做得更好。因此，在指出男孩的不良行為時，必須同時思考如何幫助他解決問題。

在面對較大的問題與衝突時，父母應事先做好談話的準備，保持冷靜，並以客觀態度處理問題：

• 我的所見所聞是什麼？
• 我看到和聽到的事情是如何發生的？
• 我希望這個男孩能有什麼不同的做法？

要求男孩解釋他的行為，從他的角度描述情況。一旦真相大白，就可以詢問他以後會怎樣做，或如何才能做得更好。然後，為他提供支持，幫助他妥善處理這件事，這樣做會更有意義。

最後，要總結目標，積極而精確的提出未來展望：「我希望你以後把垃圾扔進垃圾桶。」（而非「我希望以後不要再發生這種事！」）

孩子罵髒話，你怎麼反應？

此外，**不要將批評與說明或其他場合混為一談**（例如：我們終於可以這樣坐在一起，我早就想告訴你，你並非總是……）。應讓男孩從具體事件中汲取力量，否則他很快就會陷入一片混亂。

小男孩有時會用髒話來激怒父母。他們會使用在幼兒園、學校或玩耍時學到的罵人的話，從而引起大人的注意並獲取關注。但當父母自己說出這些髒話，或讓孩子從父母那裡學到這些話語時，情形就真的很糟糕了。

對許多男孩而言，講髒話不只有趣，同時也是人際關係的一種考驗。因此，父母的回應必須夠明確，像是皺眉或嚴肅的眼神。

如果男孩藉由講髒話來激怒父母，這不僅僅是一種口頭試探，而是已經違反規範、破壞規則，此時父母需要讓男孩承擔相應後果，並要求他彌補過失。

是「要求」，還是「請求」？

明確的指令還包括要求和請求。「要求」是命令式的，如果任務未完成、要求未達成，就必須承擔相應後果。這正是要求與請求的差別所在。例如：「你現在去做家庭作業。」「你應該現在修改工作表。」「請坐下來寫文章。」這些句子均屬明確要求。

然而，要求所帶來的壓力也是顯而易見，因此應盡可能避免以要求的方式提出指令。通常，明確的引導式溝通，會優先使用請求。

但，**如果男孩做的事已無商討餘地，你就無須先問他是否願意，只需明確表**

達你的目標：讓他執行你的意願；既然如此，就直接提出要求。如果以請求的方式提出，例如：「你想把碗碟從洗碗機中拿出來嗎？」男孩理當可以拒絕。

隱蔽或含蓄的要求是一種煙霧彈，男孩們認為如果不服從，父母就會譴責或責備他們，這樣的情形容易引起對抗。例如：「你可以幫我一下嗎？」「如果你只想讓我幫忙，那就自己做吧。」

當男孩問：「我為何要這麼做？」你必須給出充分的理由：「因為我說了算！」這或許有用，但你也應認真對待這個問題：「你真的沒有興趣嗎？或者你希望我解釋一下做作業的重要性？好吧，我很樂意為你說明。」這樣的態度不該是懲罰或挖苦。如果男孩對動機感興趣，這也是好事，同時也能彰顯民主關係。**如果父母能證明任務和要求的合理性，這是很有意義的事。**

「請求」就是請求，在引導關係中，當你提出需要時，雙方都能受益。一段好的領導關係，不存在單方面的要求，獨裁專制下則不可能出現請求。請求在一段健康的關係中，能帶給彼此滿足，因為它將使雙方受惠。當請求被滿足時，這種行為是自願的、開放且富有同理心，且完全由行動者自主決定。

請思考：你想提出這個請求嗎？如果你提出請求，結果將是開放的。當然，如果請求被拒絕，帶領者也不必立即放棄，但你必須接受這種可能性。

父親與兒子之間的成功引導性對話如下：

「請把客廳裡你的東西收拾一下。」

「我沒興趣。」

「我知道，收拾可能不有趣，但我希望家裡看起來整潔，這樣我今晚就能放鬆的在家待著。你會收拾的，對吧？」

「等一下。」

「好吧，我等你一會兒。我半個小時後再提醒你一下，好嗎？」

「好吧。」

如果在請求背後隱含著「應該」、「必須」、「你的義務」、「我的權利」等訊息，那就更像要求。只要稍加留意，你就能分辨。這樣的意圖通常只有在請求被拒絕時才會浮現，接著你可能會怒氣沖沖的說：「請現在去接你的妹妹。」「不，我正在玩電腦。」然後可能發生：「你把所有時間都浪費在這愚蠢的遊戲上……。」「你必須現在馬上去做！」「該死的，我已經說三遍了！」這些情形都表明，要求被偽裝成請求。

通常，正處於青春期且對自我身分頗為關注的男孩，也會將成人的請求聽成要求。為了挑起戰爭或衝突，他們對要求極為敏感，時刻準備對抗引導。無論如何，父母都不希望衝突和爭執發生；然而，在與男孩的互動過程中，明確彼此的位置未嘗不是一件好事。

當對男孩提出要求時，父親或母親既可以以開放態度提出請求，也可以說明，例如：「說實話，我很在意這件事，我該如何表達，才能讓你覺得我不是在命令你，而是需要你幫助？」

5保持冷靜：「我們稍後再談吧。」

引導需要時間，尤其是在有爭議的情況下。在激烈衝突中，你不必馬上反應，而可以選擇拖延或改變局勢，因為白熱化階段往往不利於事情的推進與澄清。

此外，時間本身也是一劑良藥：「我們稍後再談吧。」在衝突中等待意味著給予雙方喘息的空間，有助於降低腎上腺素、睪固酮及脈搏，讓刺激逐漸消退。這為雙方提供了一個放鬆的空間，使他們能重新考慮當下的情況，三思而行。

雙方的需求都可以等待，父母不必因為洗衣機已準備就緒而立即打斷兒子；相反的，當兒子不耐煩的向你求助時，父母也可以先處理手上的電話。

良好的關係需要時間來培養，尤其在青春期，這是關係變化最激烈的階段。因此，適時處理衝突有助於重新設定關係。如果等待時間過短，男孩可能會以挑起衝突或製造問題的方式來解決。

即使是面對批評式回饋，給予時間或等待也能促進其發展。如果男孩急於回應批評，試圖辯解或證明自己，大人稍作拖延可能有助於局勢。

有時，當下的時間點或地點並不適合長時間討論，此時父母可堅持批評後再重複一次，然後建議：「**讓我想想，我們稍後再談。**」當然，應該發生的總會發生。

為了能更好應對困難的任務，父母也必須留出時間。在日常生活中一次又一次按下暫停鍵，是為了覺察自己的想法，並關注自己的內心；

另外，作為一對夫妻，願意共度時光也很重要。如果父母彼此關係融洽，對兒子也大有裨益。為了建立和維護良好關係，以及與男孩達到既明確、放鬆且能放心相處的狀態，當然需要時間來解決有爭議的問題。

放慢節奏，確保兒子有足夠休息的時間

為了與男孩更明確、更好的相處，讓他適度與你獨處，這有極大的益處。內心平靜的人會散發出穩定與平靜的氣質。

然而，我們的日常生活和現代社會的需求常常打破這種平靜。那些永遠按時

工作的父母，總處於持續接收資訊與人際交往的轟炸之中，他們不斷用各種活動填補閒暇時間，以維持一切正常運作。這樣的父母即便表面上沒有在工作，也未必能真正休息；而當父母自己無法休息時，自然難以安排好孩子的休息時間，而這正是父母必須承擔的責任。

然而，照顧家庭，其實也能讓自己得到休息：走進花園、漫步森林或穿過公園，享受片刻的陽光；下午洗個熱水澡，或靜靜的喝幾分鐘咖啡；關掉電話，每週好好享受一次在大自然中散步；或在清晨上班路上，呼吸新鮮空氣。

男孩同樣需要休息。為了能充分休息，必須找一個地方，最好是在家中。許多男孩往往持續處於高強度活動中，即使外表看來平靜，但他們的精神高度活躍、神經高度緊繃，每天幾乎持續處在躁動狀態。學校的時間安排、豐富的課外活動，加上其他行程，常常把日常生活排得很滿。父母應重視這一點，幫助男孩放慢節奏，確保每天有足夠的休息時間。

幾點回家？幾點睡？

從青少年階段開始，男孩的視野逐漸擴大，活動空間也隨之增大，社交生活出現新的亮點。對他們而言，同儕的關係往往比家庭關係更有趣、更重要。業餘活動也逐漸鎖定在家庭以外的地方。此外，受生理因素影響，青少年通常睡得較晚，只有在青春期後期，他們的才會漸漸提早入睡時間。

隨著男孩年齡增長，他們外出的時間會逐漸增加，也會比較晚睡。究竟幾點回家、幾點睡覺才合適，幾乎沒有固定標準，也難以訂出統一標準。因為男孩與家人的需求、興趣與睡眠需求各不相同，而且各地的休閒活動型態也很不同。

務必記住，一旦給出時間主權，就很難收回。因此，家長必須深思熟慮。例如，如果十七歲的他原本應在平日晚上十點半回家，而你希望他每過一次生日就獲得更多自由，這意味著隨著男孩年紀的增加，門禁時間也會延後。

如果男孩需要在外與朋友過夜，例如在週末或某個節日，他必須告知父母朋友的姓名與聯絡電話。

6男孩如何學會尊重？

尊重，指的是無條件的相互認可，是每段良好關係的基礎；如果失去了對彼此的尊重，將無法以任何東西彌補。

尊重建立在信任之上。尊重的對待男孩，意味著要關注他、認真接納他，並滿足其需求。尊重使我們更關心這個男孩是誰，而不是他為何會如此行事。

平等是尊重的基礎

在男孩年幼時，父母即能透過眼神交流表達對孩子的尊重，例如：「你長得真可愛，以後一定會是大帥哥。」讓我們想得更細一點：他需要什麼，他想要什麼？我需要什麼，我想要什麼？追求尊重，其實也包括從男孩眼中看見父母自己。

尊重意味著雙方在平等的基礎上相遇，即使男孩長到和父母一樣高度，雙方仍應保持平等關係。因為父母年長、有能力且掌握較多權力，所以由他們來完成孩子在不同發展階段的教養任務。從這個角度來看，尊重是持續尋求連結與協商需求的過程。

尊重也會透過以禮相待來表現，透過學習禮貌與人際界線，孩子可以學會怎麼尊重別人。尊重與價值觀密切相關，強調了他人的尊嚴與權利。相互尊重並非單純以自我為中心，而是認真將另一個人納入考量。

具體來說，尊重展現出一種態度——你是有價值的。聽來簡單，但對於經常與男孩打交道而屢屢跌倒的成年人來說，並不容易。男孩已經「對」了——這意味著他可以保持本色；但只要男孩還在父母身邊，許多父母就很難不去否定他們。

這實在讓人感到很傷心，我們的男孩被鋪天蓋地的勸告、解釋和糾正所包圍。我發現（雖然僅屬主觀觀察，未經科學證實），目前抱持這種態度的男孩父母多於女孩父母。

在我看來，他們常常面臨必須管教男孩的壓力，一方面來自男性氣質本身（期望男孩將來能像男子漢般頂天立地），另一方面則是家長認為必須對男孩嚴加管束，這就導致不斷的矯正與糾正，然而這種「長期矯正」只會讓男孩更無所適從。

事實上，父母已經與得十五歲的奧勒協商好，讓他在上學的日子裡自己定鬧鐘，並準時起床。儘管如此，父親每天仍走進他的房間提醒時間到了。這種行為顯得不夠尊重，我建議以後不要再這麼做。

父母必須先表現出尊重。尊重孩子的父母也會獲得孩子的尊重。男孩透過模仿學習，並追隨父母的行為。在父母要求與索取尊重時，必須先以身作則，對男孩展現基本的尊重。如此一來，父母才能在與男孩的關係中建立信任。

那些不認真對待男孩或漠不關心的父母，那些侮辱、貶低、忽視或傷害情感，甚至羞辱或嘲笑男孩的人，無疑很難獲得他們的尊重。當男孩表現出不尊重的行為，我們也可以從成年人的角度追溯原因。

在一段明確的關係中，隨著雙方年齡增長，尊重的方式亦會進一步發展。成年人對男孩的想法越來越有興趣，他們會給男孩更多自由，逐步將責任移交給他。

這種變化的速度，取決於家長願意在何時、以何種方式放手。

在處理私人領域時，父母也必須明確表達對男孩的尊重。隨著男孩年齡增長，他對個人隱私的需求日益強烈，父母進入男孩房間的次數應逐漸減少。不斷闖入他的房間，顯示出不夠尊重他；當門關上，父母應先敲門等候。從男孩房間撤離，象徵父母尊重男孩人格發展。同時，兒子也應被賦予更多責任，必須學會自己洗衣服、打掃房間、獨立起床。

反之，父母也應堅持要求男孩尊重他們的隱私和「公用」空間，例如：男孩不應將衣服、電子產品、雜誌、課本或玩具隨意丟在客廳，也不該堂而皇之闖入父親的臥室打開電視。

最後，允許男孩承擔與公共空間相關的責任，也是一種尊重。當男孩長大後，他們還會被賦予更艱鉅的任務：儘管整理、清潔及窗戶維修等工作繁瑣，但這種**公共責任亦是尊重他們的一種呈現。**

派翠克曾朝他青春期的兒子大聲喝道：「別在這裡這麼喊！」但事後他才意

識到，自己這樣的行為對兒子相當不尊重。

父母對孩子的尊重，包括盡量避免當面談論他們的缺點。男孩經常向我抱怨，他們的父母喜歡當面談論令他們尷尬的事情（例如青春期、課業問題、身材、不愛運動等）。父母隨心所欲的和他人暢談孩子極為私密的話題，但在男孩眼中，這麼做毫無道理。

當然，父母與朋友談論這些事也無可厚非，但必須注意孩子的感受並予以保護。因為孩子極為敏感，且缺乏成年人自嘲的能力。

好幾個家庭一起前往能洗澡的河邊遠足。米農剛進入青春期，非常害羞。他不喜歡在眾人面前換衣服，且試圖用毛巾遮掩身體。後來，他的母親毫不在意的告訴他，這根本沒什麼，又很大聲的說：「別那麼害羞，又沒有人在看你！」她揚揚得意的拿了兩塊毛巾，告訴米農：「來，我很快就幫你換好。」

男孩天生具備尊重他人的能力。從一開始，他們便因為對父母的尊敬而尊重父母：因為那是他們的父母；因為父母會回應、照顧與理解他們；因為父母年長、有力量且幾乎無所不知；因為男孩愛自己的父母，也希望父母能幸福快樂。

隨著男孩漸漸長大，**父母如何看待他們，將直接影響他們的發展**。當然，這其中還有許多其他因素，但他們的行為在很大程度上取決於父母的信任。

此處，父母的思想也扮演了決定性的角色：那些打從一開始便認為男孩無法尊重他人的父母，很可能會「夢想成真」，並親自體驗到這種情況。

相反的，如果父母相信男孩能尊重他人，就會強化男孩追求尊重的動機。父母尊重男孩，會讓他們感到自己很重要；對男孩感興趣、在社會層面認同他們，以及肯定其個人價值，這些都是促成成就動機與品行端正的必要條件。這種充滿認可的期待，也會啟動大腦的獎賞系統（reward system，亦稱犒賞系統，指人類等生物大腦中的一種神經機制，能使個體獲得即時滿足）。

男孩從榜樣中學習尊重。一方面，他們直接模仿父母對待自己的方式；另一方面，則觀察父母之間的相處模式。對男孩而言，父母之間的關係至關重要。

男孩的尊重不僅出於孝順或禮貌，也可能是一種策略，或因恐懼而屈服。相反的，對一些男孩來說，某些看似不尊重的行為，如叛逆、爭吵或衝突，反而是一種認同與尊重的表現。抗爭本身便表達了一種尊重，他尊重那些與他發生衝突的人。

男孩從小就開始嘗試尊重他人。他們可能因一點不尊重的表現而遭受父母的體罰。有時候，他們會對父母說些貶低的話（例如媽媽好傻、爸爸很笨），但往往並非出於故意，或僅是覺得好玩。

然而，無論如何，他們希望父母有所回應，並能承受他們的測試。隨著年齡增長，他們學習尊重的方式會變得更嚴肅、更有效。在青春期，男孩對父母的不尊重甚至見怪不怪。

在每個階段中，如果父母在兒子的試探中表現出足夠的尊重，就代表父母具備良好的穩定性；如果無法承受，便會喪失聲望與權威。

如果父母先「倒下」，如果他們容忍被貶低、感到無能為力並任由兒子為所欲為，兒子便會認為：「我最厲害，我可以做任何事。」

如果父母的行為對孩子不夠尊重，例如貶低、羞辱、大聲喝斥甚至動手，這不僅會使父母的權威受到貶低與傷害，也會令男孩感到無助、自我效能感降低，甚至讓這些男孩也開始不尊重、貶低他人。

由於不同的關係型態及性別因素，男孩在認可與尊重的表現上，與女孩略有不同。許多男孩更在意自己的地位，更在意是否被重視，也可能在衝突與被指責中獲得認同。

因此，如果這種形式的尊重未能得到滿足，他們可能會有很強烈的反應。男孩通常不願意一味的維持和平，來確認自己在關係中的位置；或以謙卑的方式換取照顧或領導者的尊重；對於某些男孩的行為，嚴厲而毫不含糊的指出問題點，亦可視為一種認可與明確的資訊，但這種方式對女孩可能不太管用。

討論男孩教養問題時，大人之間彼此也要互相尊重。這並不容易，但這對維持男孩穩定發展、理解需求來說，至關重要。當成年人的觀點（如爺爺、奶奶、保姆等）各自不同時，事情會變得很棘手。

多數男孩都十分了解自己的父母，也知道父母的期望與要求回應的方式，因此他們會在面對不同的人時，做出不同的反應。當然，這並不意味著父母不能有不同的觀點，但面對可能有爭議的問題，也需要時間做出一致的決定：「我聽到這個問題了，但我現在無法立即回應，我必須先與你媽媽商量一下。」

即使是很小的男孩，也能洞悉成年人之間的運作：只要糾纏的時間足夠長，父母其中一方最終便會屈服以滿足他的需求（即使男孩曾被另一方拒絕過）。

有一個既多疑又聰明，但同時又非常不受控制、缺乏禮貌的男孩在諮詢中自豪的說：「我能從我媽媽那裡得到一切！只要我花夠長的時間，就可以得到；從我爸爸那裡則完全沒有機會。」

這正是他們問題的關鍵。

如果父母有一方言行不一、破壞原則，另一方便會因此受到貶低，權威也會大幅削弱，這對明確引導而言，是毀滅性的打擊。從長遠來看，男孩可能會發展出一種幻想：「我可以操縱媽媽和爸爸的行為，我現在想要控制一切、得到一切。」當遇到挫折或被拒絕時，他可能會出現過激的失望反應。

當涉及多人時，情況會更複雜。例如，年長的兄弟姊妹有時會逾越界線，傾向支配與操縱他人，這些情況也必須加以限制。

許多祖父母認為自己理應對孫子慷慨或寵溺，這當然無可厚非（例如，在他們自己的家中或單獨與孫子相處時）。如果在爺爺、奶奶那裡，允許男孩觀看電視節目的時間超過平時的規定，或多得到一塊巧克力，問題不大；但當祖父母破壞父母的引導時，情況就會變嚴重。這些破壞行為有時是刻意的、有時則是無意識的，原因也很好理解。

例如，祖父母想對孩子好一點、擔心孫子不愛他們、想要壓倒女婿或兒媳，或出於對自己過去嚴厲教育孩子的內疚，選擇在孫子身上做出補償。

男孩得到祖父母的疼愛固然是好事，但這種接觸越頻繁，就越需要清楚的界線。祖父母必須接受孩子父母的指導，允許意見不同，在某些重要議題上，也可與孩子父母討論，但最好不要在孩子面前這麼做。

例如，簡想要一塊乳酪麵包，就把奶奶塗好果醬的麵包咬了一口放在那裡；

而在晚餐前，湯姆應該好好坐在自己的位置上。他不停的四處走動，直到爺爺問道：「你想坐在我的腿上吃嗎？」這時，他們的母親便明確告訴簡與湯姆：「你們兩個聽好了，奶奶與爺爺這樣對你們，是因為你們每週只來一次。這對我來說太費力了，我們在家絕不會這樣。」孩子們能清楚區分這種情形。

埃米爾的零用錢總是不夠花，他經常在週三或週四便將零用錢花個精光，爺爺也常會塞給他大約二十元。儘管父母不允許埃米爾買遊戲機，但奶奶在聖誕節時送了他一臺遊戲機。

由於零用錢與遊戲機太常見，無法迴避這一話題，我建議可以適度妥協，將遊戲機留在奶奶家；奶奶估計不會願意這樣做，因此對奶奶也應明確說明。爺爺另外給的零用錢可以轉入埃米爾的帳戶，用來實現一些特別的願望。

其他參與男孩日常教養的人（如保姆、兄弟姊妹或其他照顧者）也需要男孩父母給出明確指示。當然，父母的觀點並非總是正確，因此他人的觀點和真誠回饋對父母來說也很重要。如果大家能集思廣益，對父母甚至對孩子都會很有幫助。

家事，是每個成員的事

無論何種家庭，家務都是必須進行的工作。每個家庭都應為成員提供各種參與家務的機會。隨著年齡增長與能力提升，男孩幾乎能勝任所有任務。男孩接受更高要求的任務，也是其日益成熟的一種表現。

漸漸的，父母在各方面都可將部分責任移交給男孩。這對於要求較高的母親而言，是一項挑戰，但我們必須這麼做，因為男孩不應在日常生活中兩手一攤，更不該茶來伸手、飯來張口，而且父母也不願長期包攬所有家務。

定期安排任務（例如每週六和週三打掃廁所）能防止男孩忘記有家務的存在；另有一些家務最好全家一同完成，變成家庭儀式。

例如：每星期六全家一起打掃房間，打掃完後一起吃蛋糕、喝果汁或咖啡，共同享受美好的週末時光。隨著男孩年齡增長，父母可以與他一起列出所有家務。

這個步驟本身極具意義：待辦家務將變得一目了然；父母所負擔的家務也會被標示出來；其他家務無論喜好與否都必須平均分擔，因此需要劃分與協商責任範圍。

此時，親子間的互動有點像工作夥伴。有些家務標準可能引起爭議，例如走廊地板是否必須每週擦拭一次？褲子或毛巾是否需要熨燙？此時可以所有參與者的價值觀和需求為基礎，來協商談判。完成分配後，父母可考慮是否讓男孩再承擔一些工作（例如每週擦一次地板），這些工作可以視為一種愛好，只要男孩感覺舒適即可。

男孩能做什麼？他們應承擔哪些任務？以下提供一個不完整的建議清單：購物（參與每週的大採購）；烹飪（例如，每星期六）；用桌布布置餐桌，餐後收拾餐具並擦拭桌面；將餐具放入洗碗機並取出；園藝；收拾飲料並將空瓶子統一放入回收桶；汽車維護（清潔車窗、整理車內、檢查機油等）；自行車維護與修理；清潔（包括自己的區域與公共區域，定期大掃除）；收拾衣物（洗衣、晾衣、收衣服、疊好後放回衣櫃）。

7先建立好關係，才能討論規則

在面對各樣需求時，回應的規則很重要。少了規則，無法建立共同的生活；但是，規則不能取代關係，也無法掩蓋問題。即使是明確的指令，也必須先與男孩建立良好關係，然後才討論規則的制定。

瑪格麗特是三個男孩的母親，她在午餐時常感到非常不悅。家中是家族企業，大家同住於一個大家庭中，而吃飯則有固定流程，一切都必須有條不紊的運作。婆婆堅持餐桌規則與守時；隨著男孩們漸漸長大，他們不再盲目順從，而開始抗拒這些規則。成年人一直為這些規則爭論不休，但始終無法達成共識。

我們曾試圖探究背後的原因，但瑪格麗特總是非常強勢，在這種情況下，除了爭論規則之外，實際上很難窺見家庭成員間的真正情感與連結。如今看來，關於規則的爭執似乎成了維繫關係唯一的黏合劑，因此顯得特別重要；但規則不代表關係，也無法取代關係。

我們邀請了瑪格麗特的丈夫詹斯共同諮商。瑪格麗特在陳述觀點時，不禁淚流滿面，顯然已忍無可忍。詹斯則顯得十分害怕，滿頭霧水；他只是迅速吃完飯，隨後便馬上躺下休息。隨著各自情感逐漸浮現，兩人之間的關係也慢慢顯露出來，曾被壓抑的情感悄然浮出，成為他們必須重新面對的課題。

瑪格麗特如果想重新贏回詹斯的心，她應該如何在關係上多下功夫？她先是在星期六下午召開了一次家庭會議，一邊喝咖啡、享用蛋糕，一邊討論大家庭中各成員之間的喜好，以及如何降低用餐時的緊張氛圍。

男孩們喜歡利用規則來處理彼此的關係，他們常在這些衝突中找到自我定位；因此，協議與規則必然會引發衝突。但是，協議與規則也為我們提供了一個方向與框架，正因為如此，我們才能盡可能的享受自由。

至於，哪些規則適用，則取決於個人與群體的需要，並與我們所處的文化背景密切相關；家庭成員如何互相對待，也顯得非常重要。

人類天生具備合作的能力與渴望。已有研究證明，睪固酮可以促使男性更公平的合作，並提高互相討論、溝通的意願。

但協調配合、相互合作與體貼他人的感受，這些能力必須經由實踐與發展來培養，而且也可能因其他欲望（如追求男性形象、自大的英雄主義，甚至對個人成績的執著）而被掩蓋，進而被遺忘。

作為人類，我們被要求符合社會標準；與他人建立關係並獲得支持，能使你感到快樂與滿足。魯莽、自私的行為以及適者生存的心態，雖可能帶來經濟上的成功與地位，但同時也會使你感到不快樂與被孤立。

在傳統男性氣質的概念與形象中，強調個人行為或英雄主義，遠遠勝過對合作的重視。許多男孩過分強調自我，導致他們在同理他人與團體合作方面發展不足，難以尊重他人，並且無法接受自己不是團體的核心人物。

當男孩降臨到這個世界時，如同女孩一般，他們本身並沒問題；然而，社會化傾向卻與促進個人發展的利益背道而馳。

另外，物質欲望有時會掩蓋男孩真正的需求，男孩必須學會處理各式各樣的欲望與衝動。儘管父母無法從根本上改變傳統的男性形象，但他們可以適當的糾正與平衡，並使男孩成為具有集體意識與社會化能力的男性。

這種情況通常會在青春期變得一發不可收拾，甚至以前能好好合作、配合規範的男孩，也可能突然變得敏感易怒，似乎只對爭吵與衝突有興趣。

其實，這些轉變無可厚非，因為青少年正努力尋找自己的身分認同，不斷的問「我到底是誰」。合作的欲望明顯減少，這對個人發展來說，又未嘗不是一件好事？總而言之，在這個階段下，對話、談判與衝突取代了原本自然而然的合作模式。

保持「關係帳戶」的收支平衡

「關係帳戶」是一個比喻，象徵家庭成員彼此付出的累積結果，每個人都可以存入存款。

父母往往只看到自己的付出，而忽略了孩子在關係帳戶中的存款。首先，男孩所做的一切，或他們為父母付出的努力，都可視為關係帳戶中的存款；這不僅僅包括生日蛋糕或母親節的鮮花，而是一些實際的行動，如整理房間、掛衣服、收拾飲料，這些都屬於小額存款。

對許多男孩而言，因為父母忙於工作，他們每天必須自己早起，這既是一項艱鉅的工程，也是一筆巨額存款。每天為了趕公車，從起床到離家僅有三十五分鐘；而堅持上學也是男孩每日存款的一部分，特別是在他們不想上學、僅為滿足父母要求而就讀高中時。當然，這涉及義務教育，對男孩來說或許是不得不這麼做，但無論如何，這也是一種付出，是孩子每天的儲蓄。任何父母在壓力下選擇寬容以待，都可以視作孩子在帳戶中累積的另一筆存款。

其次，父母常在不知不覺中從關係帳戶中提取金錢。提款代表父母對男孩的要求，或是為滿足自身需求而給孩子施加壓力，例如：父母不耐煩的一瞥或一句催促。如果父母不珍惜男孩的付出，不斷提取帳戶餘額、持續抱怨嘮叨或提出過高的期望，都會破壞關係帳戶的平衡。

撒母耳在學校成績不佳，後來他去補習並開始努力，最終數學成績從後半段進步到中後段；然而，媽媽對這點進步卻毫不滿意，失望的說：「什麼，怎麼只有這樣？我覺得你應該可以達到中上水平。」

當然，所有父母都付出了許多：身體接觸、愛撫、傾聽、朗讀，每一個真心擁抱、協助男孩寫作業與解決疑難，以及在男孩灰心失望時給予鼓勵與安慰。但說實話，父母的收穫往往比孩子的儲蓄更多；每一次深情的擁抱，都會令我們分泌多巴胺，讓我們在關係中感到無比快樂；與孩子相處時，父母也能獲得作為好爸爸、好媽媽的滿足感。

此外，許多男孩依照父母認為正確或有意義的方向努力，這也是為何孩子通常付出比父母更多的原因之一。

舉例來說：如果孩子能早起，可看作存入十個硬幣；而在早餐時，父母溫和、感激的目光相當於存入一、兩個硬幣；剩下的八個到九個硬幣便代表孩子在帳戶中累積的餘額。這個帳戶的比喻並非要讓父母斤斤計較，而是以視覺化方式呈現彼此的付出，珍惜男孩在日常生活中的付出。必要時，父母需適當調控，以維持收支平衡，否則可能引發嚴重的關係問題。

男孩令人惱火的行為，可能是一個警示信號，代表關係帳戶已不平衡。此時，父母會本能的先尋找孩子的錯誤，試圖解決問題或讓局面平息；但這同時意味著，當男孩參與這個過程時，他其實又在帳戶中增加了一筆存款。一些家長會慢慢意識到這種不平衡，因而感到內疚與罪惡感。

羅伯特在學校有一場重要演講，他的母親朱塔連續幾週不斷提醒，但他仍無動於衷。就在演講當天前夕，羅伯特壓力突增，變得非常緊張，隨後朝母親發洩，指責她只會嘮叨，根本沒有真正幫助他。

在關係帳戶中，當男孩付出較多或表現較好時，他們在某種程度上便占了上風（男孩會認為「我做得這麼好，你就該給我點什麼」）。尤其當男孩長大後，他們能敏銳洞察權力，並試圖從中取得平衡。有時，他們甚至會高估自己的付出，認為自己已盡其所有，而父母卻一毛不拔；相反，滿懷內疚的父母則會試圖以物質或金錢來補償，以達到平衡（通常他們的時間又不足）。然而，這個帳戶並非物質與金錢上的收支平衡，而僅僅是關係與愛的平衡。

隨著男孩成長，他會無意識的向父母支付一些「費用」。但到了青春期，某些父母可能會感受到，自己收到了一張長期收支不平衡的關係帳單。

事實上，青少年已不再像小男孩時那樣依賴父母的善意。因此，這不應被視為威脅，但它卻暗示著可能的長期後果。

在當今快速變化的社會中，面對各種問題和挑戰的男孩，往往會讓父母感到需要不斷努力「儲蓄」，以維持關係的平衡。然而，這並非必然，也不總是如此。當男孩試圖挑戰這段親密且明確的關係時，滿懷內疚的父母便能彌補一些先前欠下的「債務」。

規則的意義主要在於防止衝突與問題。規則既服務於家庭，也服務於社區及每一位成員，因此在各方之間取得平衡極為重要。每條規則背後最根本的問題是：你想要什麼？我想要什麼？我們如何取得平衡？因此，男孩需要學習以下技能：

察覺並命名自己的需求；滿足自身需要；並尊重他人的需求，為他人的利益而放棄自己部分的利益。

制定規則時，要平衡各方需求

雖然直接，但與男孩相處時，我們可以這樣表達：「我想要什麼，不想要什麼？」對於我們所渴望的事物，我們常會有所掩飾，然後說：「我很想要這個，但我不會那麼做。」、「也許你想把水槽清洗一下！」作為成年人，我們通常能理解這些表述並解讀其中的含義；尤其是青春期男孩，更容易接受直接了當的說法，你講得越明確，他們越不會鑽漏洞，而是傾聽完整訊息。有時候，只需簡單傾聽，便能有極佳效果，父母應允許孩子明確表達他們的需求。

協定與規則必須在雙方明確訂定並充分理解後，方能發揮作用。規則是指必須執行的事項，例如：「說話前請先把東西吃完」、「每天最多只能上網一個半小時」。以積極方式制定的規則效果更佳，例如：「平日十點回家，週五及週六晚上最晚十一點回家」、「每週六必須用吸塵器清掃客廳地板」、「晚上必須將地板上的物品全部收拾好」（而非「別把房間弄得那麼髒」）。在其他情況下，也應以第一人稱明確表述：「廣播結束後我就關掉電視了。」（而非「我想在廣播後關掉電視」。）

除了表達自身的需求，規則也反映了價值觀。每位男孩及其家庭的需求與信念皆各不相同，因此制定通用規則毫無意義。換句話說，除個人需求與價值觀外，每個人都應設置明確邊界——協定與規則不得違反法律。

一位母親曾問我，如果她的兒子看電視超過規定時間該怎麼辦（儘管僅發生過一次）。我問她當時如何處理，她回答：「我直接走過去關掉電視。」我說：「很好。」她便問：「為什麼？我這麼做有問題嗎？」我回答：「沒有，這就夠了。他意識到了，他知道妳在注意他。」

規則要保持彈性

協定通常具有臨時性，視情況而定（有時也有長期性協定）。例如，在某些特殊日子，男孩應該早回家（而非平日）；或在下次考試時，他必須達到平均分數（而非每次考試）。有些規則屬於長期協定，如男孩應隨手將髒襪放入洗衣籃，平常日（如果無其他協定）最晚六點半回家，以及吃飯時必須關掉電視和手機等。

作為領導者，成年人的主要任務是制定規則並協助男孩遵守。簡而言之，就是：**重複、重複、再重複。男孩從重複中學習，並將規則深植記憶。**

教導男孩遵守規則並非易事，部分原因在於規則與協定常令人覺得枯燥，而大腦對此類知識興趣不高。例如，如果是「你每週六都可以隨心所欲吃冰淇淋」，就無須反覆強調。

男孩常在無意或不自覺中學到許多規則，例如透過觀察大家如何共同生活或模仿他人的行為。大多數的規則都是潛移默化學來的，它們就像文化的一部分，通常只有在有人違規時，這些規則才會顯現出來。

在我們的一次研究採訪中，一位經驗豐富的年輕母親說：「制定規則固然重要，但對我來說真的很棘手。」許多父母其實搞不清楚自己究竟訂了多少規則，便開始使用積分、笑臉或一袋洋芋片作為獎勵，而真正的規則卻淪為附屬品。

在制定協定與規則時，必須同時考量形式、價值與需求，父母應盡量權衡不同年齡層的孩子需求各異：對於較小的男孩，父母需承擔更多責任，充分考慮男孩的需求，因為男孩尚無法察覺或表達這些需求。

隨著男孩成長，更需要透過協商、談判來制定規則。家長必須保持雙重警覺：一方面不要放棄引導，否則男孩會迷失方向；另一方面也要避免弄巧成拙。應關注規則的執行狀況，必要時適度將決定權交給男孩（切勿以對待小孩子的方式對待已長大的男孩，否則容易埋下衝突的種子）。

隨著男孩進入青春期，父母與男孩之間的關係將逐漸改變。關於回家、聚會、購買衣服與花錢等協定與規則會變得極為重要。有遠見的父母能預見這一點，並主動與男孩展開對話。由於這需要大量的溝通與討論，建議父母針對所有可能產生分歧的議題，事先做好充分準備，並盡可能以平等的態度與孩子對話。

在可預見的爭議點上，當男孩開始進入青春期時，父母應祝動邀請男孩參與討論：「這是我們的想法，你覺得如何？還是你有其他想法？」並說明幾個基本要點，讓男孩可以思考或與朋友討論，再根據他能擁有的自由做比較。接著，可以安排下一次討論，或邀請男孩在愉悅的氛圍中（例如選擇一家他最喜歡的餐廳），一起把協定與規則。

此外，也需事先約定好新協定生效前，舊協定仍適用的期限。透過這種方式，父母既能堅守引導與公正，又不會讓男孩覺得隨著年齡增長而失去自由。

在此，父母的明確表態也將促進男孩的發展：他會看到並體驗到信任如何建立，以及權力如何恰當的發揮作用；在相處中，他會感受到自己被認真對待，其責任感也隨之增強。

毫無疑問，有規則是好且重要的；但同時，限制也無處不在。規則很快便會顯現其局限性，因此需謹慎。規則不應由監督與懲罰來主導，也不應受到道德評斷的影響；**規則既非十誡，也非鐵律，而且應必須時常檢討與更新**。如果父母發現原先訂立規則的需求已不存在，就應適時廢除。

最後，必須注意：男孩不希望僅僅因規則與後果而受限，更重要的是透過激勵、支持、同理、參與、確認與鼓勵來建立界線。

例如：「我們已經約定好，你要把書包放回房間；但你卻隨手丟在地板上，這讓我很生氣！我希望在家能好好走路，不會被絆倒，現在請你趕快把它收回房間。」無論男孩是因為將房間視為自己的領域，或僅僅為方便而在公共空間隨意放置私人物品，他們所需的都是簡單且易懂的規則與協定。

在規則真正被遵守之前，父母往往需要不斷的重複與並適時補充說明。有時可以用幽默的方式，有時則以略帶嚴肅（音量宜中等）的語氣表達，但務必保持一貫的明確與易懂。父母也可以自問或向男孩確認，協定或規則是否仍然適用並安排小型討論。最重要的是，堅守底線。

後果有助於規則的學習：當溼掉的運動服亂丟在餐廳，或臭襪子散落於沙發上時，男孩應立即整理好。在明確表達指令後，父母可默默站在他旁邊，直至他開始行動為止。

儘管規則不可少，但也應盡可能保留更多的自由。例如，在沒有規範的時間內，可以隨心所欲的做自己喜歡的事，高興幾點回來就幾點回來；在不受限制的空間中，可以隨意躺在自己房間的地板、床上或其他地方；可以自由選擇，例如一次將奶油、乳酪與果醬全部塗在麵包上；可以無所事事的坐在電視前或玩遊戲打發時間；可以穿破洞牛仔褲；也可以選擇不同長短的髮型等。這些自由像父母慷慨放手一樣，令男孩感到輕鬆自在。

留出無規則自由區

渴望更多自由是男孩成長的一種展現，也是一種獎勵。隨著男孩能力增強、能承擔的責任也逐漸增多，他們可以且必須做更多事，這同時也拓展了他們的自由。自由與責任並存；如果給男孩太少自由，他會感到被壓抑與限制；如果自由過多，則可能讓他難以應付重擔。

究竟多大的自由才是剛好，這因人而異，對父母來說也是如此。焦慮與恐懼的父母，常擔心孩子放鬆與安全的需求得不到滿足。

如果男孩有遵守規則與協定，父母應適時告知，例如：「很高興你能按時回家，我很開心！」這是規則的目的，分享感受也是父母的責任，不只在出現問題時，在表現良好時也要這麼做。如果父母認為，這一切皆是理所當然而不肯定孩子，容易使男孩失去對遵守規則的興趣。

不遵守規則怎麼辦？

與孩子協商規則的適用性，也是彼此信任的一部分。為達成目的，威脅是多餘的：「你八點必須回家，否則明天就別想出門！」這種做法是背叛信任，已違反並破壞了規則。

對男孩而言，遵守協定與規則的同時，心中會伴隨一個問題：如果不遵守會如何？尤其是年齡較大的男孩，更想要探究逾越規則的後果。不僅男孩如此，女孩亦然；但女孩較關注違規對關係的影響，而男孩則往往著重於地位：如果我不遵守規則，我的身分地位是否會提高？

十五歲的盧卡斯與同齡朋友一起行竊。母親將他們從警局接出，並帶盧卡斯回家。盧卡斯獨自與父親相處時，他哭著，父親將他摟在懷裡問：「告訴我，發生了什麼？」盧卡斯講述完事情經過後，還說自己必須支付一百元作為「賠償金」。隨後雙方協商，父母幫他支付那筆錢，並從他每個月的零用錢中扣除十元。後來又發生一次，依照當初的協議解決，此後此類事件便不再發生。

顯然，不遵守協定或以任何方式違反規則，理應產生後果；然而，當被問及可能發生什麼後果時，卻常變得棘手。承擔後果的目的，在於讓男孩學會遵守協定與規則，而非一場權力遊戲中比誰占上風。所有能指引男孩朝向目標前進的反應，皆可視為後果。當孩子犯下一點「過失」時，父母無須使用更大「後果」來升級情勢，這完全是不必要的。

莫里茨前一晚喝多了，很晚才到家，還忍不住嘔吐（幸好吐在廁所），然後上床睡覺。第二天，他起床後吃午餐，父親看著他，感同身受的回憶起自己年輕時的類似經歷，僅問一句：「嚴重嗎？」莫里茨回答：「還好。」不須多言，自此之後，這樣的情形再也沒有發生過。去同情一個犯錯的人，聽起來似乎荒謬，但事實上，這個男孩基本上已經意識到自己的違規行為，他自己也感到不舒服，也許是羞愧、不安或緊張。以同理作為第一時間的後果，對男孩來說是一座極佳的橋梁，尤其當他明顯感受到自己做錯時。

皺眉、挑眉、談話時呼喚他的名字，或以輕聲細語，都是對男孩的一種暗示：「你越界了，你的行為會帶來後果。」、「我注意到了，我不同意這樣！」通常，**這類訊號足以讓男孩引以為戒。**

因此，在多種情況下，「後果」確實要稍微嚴厲一些，但重點是，**「後果」首先應帶有人情味，而非冷冰無情。**某些較不嚴厲的後果，其實效果極佳且常事半功倍。有些後果可能會讓男孩感到不適，例如：反覆提醒規則或協定，其實他已了解自己的錯誤，但這會使他覺得自己更笨。試想孩子如何學習餐桌禮儀（幾乎所有人都能學會）？父母經常說：「用湯匙，別用手！」此時，「後果」便發揮了作用。

教孩子守規則的重點在於：重複、重複、再重複。

被父母約談，對許多男孩而言並非愉快的事，但把這種談話當成行為的後果，既必要又有用，要在規則被破壞時立刻這麼做。這類談話不僅涉及需求（例如休息、安全、信任、放鬆、睡眠），還需要討論與處理情緒。

對於凌晨兩點仍吵得不可開交的孩子，可以這樣說：「一旦其他人已入睡，就必須保持安靜，請遵守我們先前約定的協議。」這種談話雖然不受歡迎，但正因如此，有些男孩為了避免這樣的談話，便自動遵守規則。雖然這樣的話語聽起來頗為嚴苛，但其目的在於讓孩子理解規範的重要性，並使他們主動配合。

另一個明顯的後果是賠償：如果損害出自男孩的行為，他就必須以某種形式補償。補償的代價應對各方都有意義：在補償後，損失得以彌補，內疚與憤怒也會逐漸消退。

例如，修復被破壞的花圃並道歉；或儘快收好隨意放在餐桌上的運動服，並將桌面擦乾淨。誠懇的道歉也是一種補償；而財產損失則可用零用錢來彌補。這不僅能讓孩子學會承擔責任，也有助於他們真正體會到自己行為帶來的後果。

有時候，男孩會故意讓局勢惡化，他們似乎真的渴望知道反覆越界會引起什麼後果，或對權力鬥爭抱有濃厚的興趣。對父母而言，這絕非易事：一方面不願削弱自身的權威，另一方面又必須堅守自己的價值觀與需求。

但總結來說，男孩非常清楚，一旦信任受損，他們的自由就會受到限制，例如：父母常常直接從朋友那裡把他接走，因為父親不信任他能自己按時回家。

如果所有努力都徒勞無功，又該怎麼辦？請務必注意，千萬不要加劇矛盾，否則只會兩敗俱傷。然而，應如何結束這種遊戲？許多害怕自家問題被外人知道的家庭，極易被情感勒索。**領導力強的父母在這種情況下比較開放，會與他人談論家中的衝突並尋求協助；**而當事態升級或難以應對時，則應尋求專業協助（例如教養諮詢）。

對男孩而言，理想的後果應該是可預測且明確的。例如，為避免他長時間無節制的玩電腦，父母在切斷電源或保險絲之前，必須先清楚說明相關協定與規則，再執行後果。

這樣的做法既能讓孩子明白行為後果，又有助於建立穩定的規範意識。有時候，這類較激烈的干預方法也有必要，但家長需做好心理準備，因為男孩可能會有較強烈的反應。

懲罰不是必需的

然而，父母也可以對男孩寬容一點；如果情況沒那麼嚴重，也可適當忽略男孩不合宜的行為，無須對每件事都下達明確指令。有時，生活本身就會帶來後果，父母不必再火上加油，例如法律會處罰十八歲以下飲酒的青少年，這種方式也能讓孩子自然學習並調整行為。

如果規則與協定沒有被遵守，就必須藉由行使權力來維持規則。然而，父母應注意，他們所擁有的權力遠比想像中多，卻絕不能讓權力成為每一件事情的決定因素。良好的領導力與獨裁行為之間的區別，在於面對權力的態度。父母如何才能在不動用權力、不試圖征服的前提下，依然在衝突情境中保持明確、穩定並持續的帶領？這無疑是維繫親子關係中極其關鍵的問題。

那麼，除了運用「後果」，是否還需要額外給男孩一些教訓？答案是否定的，懲罰並非必需。

緊急溝通六步法

引導型關係並非建立懲罰之上。懲罰甚至可能損害關係或導致關係破裂，令男孩感到羞辱；同時，懲罰忽視了孩子對自由、整全性（按：形容人的品格，沒有任何欠缺或崩壞的部分）以及被關注的需求，容易喚起憤怒與恐懼等負面情緒。男孩確實需要學習遵守規則或協定，但以恐懼作為手段無濟於事，更有效的做法是：明確指出錯誤並讓男孩承擔相應的後果。

當男孩說髒話，出現侮辱他人或其他違規行為時，父母需要立刻與男孩明確的溝通。當男孩因憤怒而咒罵、羞辱他人或在激動狀態下大吼大叫時，我們需要評估他的行為及其觸發原因。以下六個步驟可供參考：

第1步：說清楚問題的癥結點，明確表達你的想法：「我不能再容忍你的髒話了。」、「我不想再被你罵了！」

第2步：表達自己的感受。感受是關係的載體，必須在衝突中表達出來：「我不是笨蛋，我受傷了。」、「如果你再那樣大喊大叫，我會非常生氣！」、「暫停一下，如果你再罵我，我會非常生氣。」

第3步：引導孩子尋找替代的行為或反應（切記：不要問為什麼，以免讓孩子辯解）。在前面兩個步驟之後，氣氛稍緩時，就要尋找可以替代不良行為的方式。例如：「你生氣了，當然可以生氣，但你能否在不說髒話的情況下表達？」、「你現在很生氣，除了大喊大叫，你還能說什麼或做什麼？」

第4步：如果孩子逾矩的行為，牽涉到家庭內部成員或其他人，可將其納入團體討論或徵求大家的意見。例如：「你認為，為什麼這種說話方式在我們家行不通？你怎麼看？」、「你們能談談這種行為是怎麼發生的嗎？」

第5步：補償。補償的代價要合理，從男孩角度來看，也必須是可行的方案。舉例來說：「現在的問題是，怎麼做才能讓事情恢復正軌。你覺得呢？你能做些什麼？」

第6步：一旦事情得到彌補，這件事情就處理完了。為鞏固結果並「重新開始」，最後的儀式很重要。但不必太過誇張，許多都是自然而然的舉動，像是握手、拍拍肩膀、輕碰拳頭，並在四目相對時說：「這樣很好！」、「謝謝你，現在我又很享受和你在一起了。」

儀式是一種特殊的規則

在日常反覆發生的情境中，有既定的儀式，有時不需要制定繁瑣的規則，無須反覆協商每一件事。舉例來說，當閱讀、擁抱與親吻成為夜晚儀式時，這麼做就代表該睡覺了，不用再制定睡前規範。透過儀式，男孩能以自己的方式學習規則，並從中獲得穩定與安全感。

過多的儀式，有時令人厭煩和枯燥，有時也令人尷尬，尤其當外人在場（例如餐桌上的祈禱）時，但這也無妨，因為儀式本身具有塑造身分的功能，雖然有時候這種建立身分的過程需要付出一定的代價。

儀式並非強迫性的規則，而是一種清晰可識別的常規結構；如果家人每天一起規律用餐，那麼午餐到底是從中午十二點半，還是十二點三十七分開始，如此細節的事物並不重要，重點是這種規律性為家庭成員帶來了凝聚力。

儀式應該是有功能且令人愉悅的行為，而非令人痛苦；同時，儀式也有可能導致衝突。隨著年齡的增長，儀式亦給男孩抗爭的機會，這為他們發展領導力與逐漸獨立提供了絕佳的契機。**拒絕儀式或示威性的對抗儀式，象徵男孩自我意識日益增長，雖然有時這會暫時破壞家庭的和諧，但長遠來看，這仍是一件好事，因為它促進了個人成長與自我認同的建立。**

一位母親曾告訴我：「曾有段時間，我在想我兒子午休時到底在吃什麼。我問他時，他誠實回答；而現在，我寧願不知道。」男孩當然明白速食與甜飲不健康，但他們仍我行我素，這讓我們不禁深思：該如何處理這種狀況？

首先，家庭的飲食文化是一切的根本，父母有責任培養孩子良好的飲食習慣。如果孩子除了檸檬水、肉與甜食之外什麼都不肯吃，父母又該如何處理？說實話，隨著男孩年齡增長，挑食的情況會越嚴重。來自統計資料或營養學家的健康食品建議，對小男孩影響不大，甚至對年長男孩說服力也較低；相比之下，同齡人的文化影響以及食品、飲料的商業廣告往往更具吸引力，這給家長帶來更大的挑戰。

反倒是明確的指令，在家庭生活中非常有幫助。例如，在日常生活中，孩子應該喝開水，但在生日聚會上，可能會有薯條和甜甜的檸檬水，這種場合就必須視情況調整，讓孩子了解何時該遵守嚴格的飲食規範，何時又可以享受放鬆的自由。

吃飯時，如果不斷爭吵或發表批評，往往適得其反，使得餐桌上的話題越來越局限，僅剩下食物與飲料，最終談話便容易演變成無休止的嘮叨與權力鬥爭。

儘管父母在看到塗有乳酪和巧克力醬的麵包時會想到健康問題，但男孩卻可能逐漸有自己的食物偏好。**有了良好的家庭基礎，兒童或青少年的飲食行為永遠有改善的希望**，這也是我們如此努力建立穩固家庭規律的重要原因。

後記
引導男孩前，父母先照顧好自己

為人父母，這四個字意味著必須承擔沉重的責任。如果你想扮演好這個角色，就必須付出大量的精力，學習大量的知識。父母一方面必須與男孩建立深厚而穩固的關係，另一方面又肩負著教育的重任，有時難免會力不從心；尤其當男孩進入青春期，這種感受更明顯，且可能持續數年，對父母而言絕非易事。

因此，我最後還是要再次強調：父母的引導，最好是在輕鬆、平靜且充滿溫情中進行。父母必須先找到自己的安全感，並與自己在家庭中的角色保持適當距離，同時多一點幽默感，適時減輕自己的壓力，避免情緒崩潰。

事實上，我們與孩子相處的時間本就短暫，而這段時光理應充滿美好與溫馨。

此外，積極且豐富的童年經歷，對他們未來成為父母亦相當關鍵。

如果你對自己要求過高，請試著放鬆，讓心靈回歸平靜。只需盡力履行你的引導角色，而非不斷幻想更理想的情境或沉溺於自我批評，學會真誠接受最真實的自己。如此一來，你便能進一步發展領導力，並更有效的幫助你的兒子成長。

明確的引導與親密的關係不僅適用於男孩，同樣也適用於父母彼此之間。與伴侶保持親密關係，並在相處中明確表達自己的需求，能讓你感受到真摯的幸福。試著細細品味自己的情感，這樣你就能更容易理解並感受他人的心情。

不論在任何時候，以下這段話永遠適用：如果家庭中缺少的是樂趣，那就必須努力做出調整，讓家裡常有歡笑；如果你能常常聽見歡笑的聲音，即使是在青春期的階段也不例外，那麼恭喜你，你已經走在正確的道路上。

致謝

首先，我要由衷感謝願意與我一起工作的男孩，我們一起討論、一起歡笑、甚至一起爭吵，給予彼此關懷和包容，那些回憶讓我深刻體會到成長的美好。

我也特別感謝敞開心扉，與我分享經驗的父母們，他們不僅向我尋求建議，更以自己的改變激勵我前行。

此外，我要藉此機會感謝所有社會教育專家及教育工作者，他們為男孩奉獻了無數智慧與精力，並不斷提升自己的引導和領導力，讓這份工作充滿意義。

還有許多人參與了本書的創作。佩特拉・多恩（Petra Dorn）與西爾維婭・格雷迪格（Sylvia Gredig），作為語言專家、專業講師以及男孩的母親，她們讓這本書變得更好理解、更好閱讀，也在內容上給我許多寶貴的建議與啟發，我由衷感激。

我也非常感謝克勞迪婭・史塔爾（Claudia Stahl）無條件的支持與一如既往的

鼓勵，以及她為推動許多重要的教育所付出的努力。我要感謝與伊莉莎白．尤潘奎．韋納（Elisabeth Yupanqui Werner）美好的相遇，尤其在探討與父母有關的權威議題時，我們合作相當愉快。對布麗吉特．韋爾茨（Brigitte Werz），我也是衷心感謝，感謝你讓我見識到你與兒子們彼此連結卻又獨立自主的模範。男孩的教育從不容易，這些父母一次又一次的激勵著我，讓我對未來充滿希望。

感謝我兒子賈斯伯的陪伴，以及他那直接、實用又幽默的提醒，讓我深刻體會到一對平凡父子之間充滿愛與明確引導的真諦。

感謝我的女兒維拉，她為我們的父女關係增添了絢麗的色彩。更要感謝我最親愛的赫瑪，陪伴我走過人生的高潮、低谷與平穩時光，就如同教育一樣，她的引導時而堅韌有力，時而溫柔體貼。

最後，我也感謝我的父親亨氏．溫特（Heinz Winter），他帶領我走上人生之路，給予我引導他人的自由與空間，讓我得以找到真正的自己。

國家圖書館出版品預行編目（CIP）資料

男孩需要明確的指令：教兒子真的和女兒不一樣！德國最知名專家 30 年實踐：順著天性對他說指令，他會成為有勇氣、韌性、溫度的男人。／萊因哈德・溫特（Reinhard Winter）著；任潔、王皓潔譯 . -- 初版 .
-- 臺北市：大是文化有限公司 , 2025.06
336 面；14.8×21 公分 .--（Style：101）
譯自：Jungen brauchen klare ansagen :
ein ratgeber für kindheit, schule und die wilden Jahre
ISBN 978-626-7648-03-2（平裝）

1. CST：親職教育　　2. CST：子女教育

528.2　　113019638

Style101

男孩需要明確的指令

教兒子真的和女兒不一樣！德國最知名專家 30 年實踐：
順著天性對他說指令，他會成為有勇氣、韌性、溫度的男人。

作　　者／萊因哈德·溫特（Reinhard Winter）
譯　　者／任潔、王皓潔
特約編輯／莊堯亭
校對編輯／陳竑惪
副 主 編／黃凱琪
副總編輯／顏惠君
總 編 輯／吳依瑋
發 行 人／徐仲秋
會計部｜主辦會計／許鳳雪、助理／李秀娟
版權部｜經理／郝麗珍、主任／劉宗德
行銷業務部｜業務經理／留婉茹、專員／馬絮盈、助理／連玉
　　　　　　行銷企劃／黃于晴、美術設計／林祐豐
行銷、業務與網路書店總監／林裕安
總 經 理／陳絜吾

出 版 者／大是文化有限公司
臺北市 100 衡陽路 7 號 8 樓
編輯部電話：（02）23757911
購書相關諮詢請洽：（02）23757911 分機 122
24 小時讀者服務傳真：（02）23756999
讀者服務 E-mail：dscsms28@gmail.com
郵政劃撥帳號：19983366　戶名：大是文化有限公司

香港發行／豐達出版發行有限公司 Rich Publishing & Distribution Ltd
地址：香港柴灣永泰道 70 號柴灣工業城第 2 期 1805 室
Unit 1805, Ph. 2, Chai Wan Ind City, 70 Wing Tai Rd, Chai Wan, Hong Kong
電話：2172-6513　傳真：2172-4355　E-mail：cary@subseasy.com.hk

封面設計／季曉彤　內頁排版／林雯瑛
印　　刷／緯峰印刷股份有限公司

出版日期／2025 年 6 月初版
定　　價／480 元（缺頁或裝訂錯誤的書，請寄回更換）
I S B N／978-626-7648-03-2
電子書 I S B N／9786267648018（PDF）9786267648025（EPUB）